スイスアルプス旅事典

小川清美ほか

とんぼの本
新潮社

目次

行ってみたい！ この場所に 006

スイスアルプス花づくし 040

スイス雑学事典　088

※「行ってみたい！　この場所に」「スイスアルプス花づくし」の各ページに、
「7月中旬－8月」など、その訪ねるべき時期、花の見頃の時期を記しています。

スイスアルプス旅の地図

フランス
バーゼル Basel
277m
ラインフェルデン
Rheinfelden
チューリヒ
Zürich
408m
チューリヒ湖
Zürichsee
バイセンシュタイン
Weissenstein
1284m
ソロトゥーン
Solothurn
スイス
ルツェルン
Luzern
アインジーデルン
Einsiedeln
リギ Rigi
1797m
ピラトゥス
Pilatus
2128m
フィアヴァルトシュテッター湖
Vierwaldstättersee
ビール湖
Bielersee
ベルン Bern
542m
クリュ・ドゥ・ヴァン
Creux du Van
ムルテン湖
Murtensee
ヌーシャテル湖
Lac de Neuchâtel
イヴェルドン・レ・バン
Yverdon-les-Bains
グリンデルワルト
Grindelwald
1050m
ニーセン Niesen
2362m
ブリエンツ
Brienz
シュヴァルツホルン
Schwarzhorn
2928m
トゥーン湖
Thunersee
ベルナー・オーバーラント
ブリエンツ湖
Brienzersee
インターラーケン
Interlaken
フィルスト
First
ヴェッターホルン
Wetterhorn
3701m
ユングフラウヨッホ
Jungfraujoch（3454m）
ローザンヌ
Lausanne
400m
ラヴォー地区
Lavaux
ユングフラウ Jungfrau
4158m
アイガー Eiger
3970m
ゲルマーバーン
Gelmerbahn
レマン湖
Lac Léman
モントルー
Montreux
カンデルシュテーク
Kandersteg
メンヒ Mönch
4099m
レ・プレイヤード
Les Pléiades
ゲンミ峠
Gemmipass
2322m
♨ロイカーバート
Leukerbad
レッチェンタール
Lötschental
アレッチ氷河
Aletschgletscher
ベルアルプ
Belalp
シュヴァルツゼー
Schwarzsee
ヴァリス山群
ジュネーブ Genéve
373m
エモッソンダム
Barrage d'Émosson
1930m
シオン Sion
510m
ツェルマット Zermatt
1620m
ロートホルン展望台
Rothorn paradise
3103m
リッフェルゼー
Riffelsee
モンフォール小屋
Cab du Mont Fort
2457m
エギーユ・デュ・ミディ
Aiguille du Midi
3482m
モンテ・ローザ
Monte Rosa
4634m
クライン・マッターホルン
Klein Matterhorn
3883m
マジョーレ湖
Lago Maggiore
モンブラン Mont Blanc
4810m
マッターホルン
Matterhorn
4478m
イタリア
N
0
40km

ナルシスのお花畑とハイキング

5月
中〜下旬

「5月の雪」。レマン湖周辺にこう呼ばれる場所がある。ナルシスというスイセン属の白い花が山の斜面に群生して咲き、それが山麓から見ると白い雪のように見えるのだ。

　レマン湖畔の町ヴヴェイVeveyから、閑静な住宅街をすり抜けるように登山電車で登ってゆくと、小高い山の上、レ・プレイヤードに着く。駅のすぐ裏手に広い牧草地が広がり、タンポポ畑の奥にモンブラン山群を遠望できる。牧草地を横切る細い山道をたどり、森を抜けると突然、真っ白に輝くナルシスのお花畑が目に飛び込んでくる。その向こうにはレマン湖が見下ろせる。ナルシスの花は大きくて8センチほどで良い香りがする。お花畑の中に道があり、ゆったりと散策ができる。登山電車沿いのファイオーFayaux、ラリーLally、レ・プレイヤードと標高が違うので、5月中旬から約1カ月の間（年によってもかなり違うが）、どこかでちょうどよいナルシスの開花時期に出会える。

上／ナルシスの花。花の大きさは約8cm　下／ラリー駅近くのナルシスのお花畑。花の見頃は年によっても違うが、これは5月下旬の撮影。お花畑に近寄るとよい香りがする

どこまでも黄色く広がるタンポポ畑

5月中旬

グリンデルワルトに春が訪れる5月中旬、アイガーをはじめ周辺の山々にはまだ雪がたっぷりと残っている。天気が良い日の早朝、パン屋でおばさんが「今日は晴れるから、窓の外の景色が変わるわよ」と言った。何のことかよくわからず、フィルストの展望台に上がり、雪山展望を楽しんで下山した。

　さて昼食を食べて外に出ると谷の向こうに見えていた景色が全然違う。緑色をしていた牧草地が黄色に変わっている。タンポポの花が咲いたのだ。タンポポは日が当たり、空気が温まらないと花が開かない。朝、おばさんが言っていたのはこのことだったのだ。

　この時期、黄色くなった斜面をめざして、午後グリンデルワルトからゆっくりハイキングに出かけるのが楽しい。日は長いから、12時から18時頃までたっぷり楽しめる。なだらかな牧草地が広がるグリンデルワルト周辺は、タンポポのお花畑の宝庫だ。この黄色、写真で表現するのは難しく、実際に行って見てみるともっとすばらしい。

上／牧草地に咲くタンポポの花。花の大きさは7cmぐらいと大きめ
下／グリンデルワルトのタンポポのお花畑。5月中下旬の天気がよい日、一斉に花が開く

ニーセン山頂付近から見るベルナー・オーバーラントの山々。
一番左の山がアイガー。山を見るなら午後の光線がよい

素敵なレストランと展望

7～8月

インターラーケンの町に泊まって、夜、山を仰ぎ見ると、テッペンに明かりが見える。ニーセンだ。日本からの旅行者に「山頂までケーブルカーが通っているんですよ」と言うと、「えーっ」と一様に驚かれる。それくらい急峻な山容なのだ。

スイスの展望台は山の連なりの中にあることが多いが、ここニーセンは独立峰の展望台で、どの方向から見ても特徴的な三角形。周りに高い山がなく、山頂からの展望はとにかく良い。遠くにスイスとフランスの国境に連なるジュラJura山脈まで望める。周辺に湖があって水蒸気が多く、雲も湧きやすいので、天気が良い日を見定めて登るとよい。

山頂のベルグハウス・ニーセン・クルムの開業は1856年。ケーブルカー開設の50年前に建てられた歴史ある建物だ。四方ガラス貼りのレストラン・パビリオンには展望テラスがあって全方位の眺めがよい。コンサートや劇などの文化的イベントも行われ、地元の人たちにも親しまれている。

ベルグハウス・ニーセン・クルムのレストラン。中にも席があるが、天気がよい日、テラス席は早々から賑わう。ニーセンの山頂まではここから歩いて5分

グリュッチアルプからミューレンの間には、見晴らしの良い場所にいくつかベンチが置かれている

まずはお座りになって

6～7月

いろいろな場所から山を撮ってきたが、ここはアイガー、メンヒ、ユングフラウのベルナー・オーバーラント三山を眺めるのに絶好のポイントだと思う。山々が最も美しく見えるのは、夏の午後6時から8時頃。ラウターブルンネンLauterbrunnenの駅前から大型ロープウェイに乗りグリュッチアルプGrütschalp駅に着いたら、ミューレンMürren方向に15分ほど歩いたあたりだ。ミューレンに宿泊しているのなら、早めに夕食を終えて、最終電車でグリュッチアルプまで行き、アルプスの山並みを眺めながらハイキングするのがいい。日没時間が近いので、ヘッドランプは必携。進行左手側にいつも三山を見ながら歩ける。7月上旬ならアルプス三大名花の一つ、赤ピンク色のアルペンローゼの群落を楽しめる。

また、ミューレンの村から上に向かうケーブルカーに乗れば、5分ほどで山頂駅のアルメントフーベルAllmendhubelで、花の宝庫だ。山頂からはベルナー・オーバーラント三山の眺めもさらに良くなる。ミューレンの素朴な村歩きもおすすめだ。

ミューレンからアルメントフーベルに上がるケーブルカー。乗り場はミューレン鉄道駅から歩いて10分

クリュ・ドゥ・ヴァン。写真右上から歩き始め、左回りで歩いて来ると最後に撮影の場所に着く。岩場の淵には柵がないので、注意が必要

半円形の大岩壁の迫力

9月

周囲で放牧されている牛がクリュ・ドゥ・ヴァンの崖に落ちないように、石垣がずっと続いている

「スイスのグランドキャニオン」と検索すると2カ所出てくる。一つは氷河特急の車窓から見える石灰岩の奇岩、もう一つがこの円形状の大岩壁、クリュ・ドゥ・ヴァンだ。

ジュラ地方のイヴェルドン駅からクヴェCouvet駅からバスに乗り、バス停クーヴァンCouventで下車。牧草地の広々した風景の中をしばらく歩くと、大岩壁が突如として現われる。足元は標高差１６０メートル下に切れ落ち、石灰岩の浸食でできた奇岩が直径約1キロの半円形状の大岩壁をなしている。淵はほぼ平らだが、最高地点のル・ソリアLe Soliat（１４３６メートル）に立つとアイガーからモンブランまでアルプスの山並みを一望できる。岩場の端からは大きく湾曲した全体もよく見える。岩場に陽が当たるのは午前中。帰りはノワレーグNoiraigue駅まで下る。短時間で戻りたいなら登山道を、休憩しながらゆっくり戻るなら車道を歩いて。空気が澄んでいる秋口がおすすめだ。

6月限定のお花畑

6月

春は単色だったお花畑も、6月になると色とりどりの花々が咲き揃い、とても美しい。でもここはアルプ（山上の牧草地）、いつまでもそれがあると思っていてはいけない。徐々に枯れて無くなるのではなく、ある日忽然と姿を消すのだ。我々がスイスで見ているお花畑はほぼ牧草地で全て牛の餌。どんなに美しい花も6月の中旬には、冬の牛の餌のために第1回目の草刈りが行われる。余談だがどうせ刈られるからと、どこでも入っていいわけではない。日本のように採るな踏み込むなとまでは行かないまでも、我々が持ち込む靴についた土がどんな悪影響を及ぼすかわからないので、むやみに入り込まないほうがよい。

さて、明日のほうが天気もよさそうだからと出直して、あんなにキレイだったお花畑が無くなっていた時の脱力感と言ったら……。刈られた後は数週間で新たな花が咲くが、旅行者はそう悠長なことも言っていられない。今日のこの景色は二度とない。そう思ってしっかりと心と写真に焼きつけて欲しい。

グリンデルワルト周辺の標高が低い場所のお花畑の咲き始め。このあと6月中旬にかけて満開になる

右／6月中下旬、グリンデルワルト周辺　左上／残してほしいと思うこんなお花畑も時期になれば刈られてしまう　左下／シーニゲ・プラッテ Schynige Platte（1967m）付近にて。ここは景勝地なので、シーズン中、花が刈られることはない

シャフラー小屋付近からの眺め。最高峰センティス山に向かう登山道は、岩峰の左下を歩く

一番難しいハイキングコース

8月

牧草地に点在する1本木は、アッペンツェル地方を象徴する風景だ

アッペンツェル地方のイメージは、なだらかな丘陵地帯に趣のある農家が点在し、所々に1本木立があるのどかな風景。一方で、あまり知られていないのが山岳エリアの魅力だ。この地域の山々は標高が低いこともあり、遠くから見ると特徴のない山並みが続いているだけのように見えるのだが、実際、山に入り込んでいくと岩山は急峻で迫力があり、山麓とは全く違う風景が展開するのに驚かされる。ハイキング上級ルートが多いなか、エベンアルプEbenalpまでロープウェイで上がり、シャフラー小屋（1923メートル）まで歩くルートは道も広く、誰でも歩けるハイキングコースとして勧められる。シャフラー小屋からアッペンツェル地域の最高峰センティス山（2503メートル）の方向を見ると、大きく褶《しゅう》曲《きょく》した石灰岩質の岩や鋭い岩峰が目に飛び込んでくる。周辺には鎖やはしご、針金が続く難ルートも多く、ハイキングの域を超えた登山エリアが広がる。

一般的なアッペンツェル地方のイメージとはかけ離れているが、これもまたこの地方のもう一つの顔。7月は高いところにまだ雪があるので、8月から9月にかけての天気が安定した日に歩くのがいい。

究極の赤に出会う

7月中旬〜8月

以前「マッターホルンの値段」という原稿を書いたことがある。一度でマッターホルンが見えれば、旅行代金は一回だけで済む。天気が悪くて見えなければ、少なくとももう一度来るので、余分なお金がかかるという話だ。

リッフェルゼーは、マッターホルンを見に訪れた団体旅行客たちが日中必ずと言っていいほど立ち寄るビューポイントだが、そこに朝焼けを見に行くとなると、ゴルナーグラートかリッフエルベルクにある山岳ホテルに宿泊することになる。どちらに泊まってもリッフェルゼーまでは歩いて1時間半はかかるので、朝は3時起きして日の出前に池の畔に到着する。ここにテントが張れればいいのだが、今は禁止だからしようがない。天気が良くても風があれば逆さマッターホルンは水面に映らない。朝焼けの山を見ることができるのは、比較的湿気のある朝だ。いくつもの条件が整ってやっと朝焼けの逆さマッターホルンに出会えることになる。「マッターホルンの値段」は、やはり結構高くなるかもしれない。

上／リッフェルゼーのすぐ下の池から撮った朝焼けのマッターホルンと逆さマッターホルン。最近のデジタルカメラは性能が良くなったので、写真のような条件でも三脚は必要ない　下／日の出前

絶景かな、マッターホルン

6月上旬~
10月中旬

4

1

2

3

1．シュテリゼー 7月中旬。湖の奥側まで行くと風も少なく逆さマッターホルンを見ることができる　2．スネガから歩いて行けるトゥフテルン6月。お花畑が少ないこのエリアでは貴重な場所　3．ツェルマット9月。フィスパVispa川沿いがビューポイント　4．リッフェルアルプ駅から少し登った所、10月上旬。よく観光ポスターに使われている場所だ　5．グリンジゼー。10月のカラマツの黄葉の頃が一番良い

5

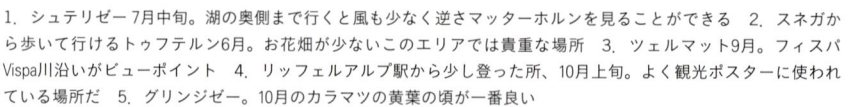

9

8

6

10

7

11

12

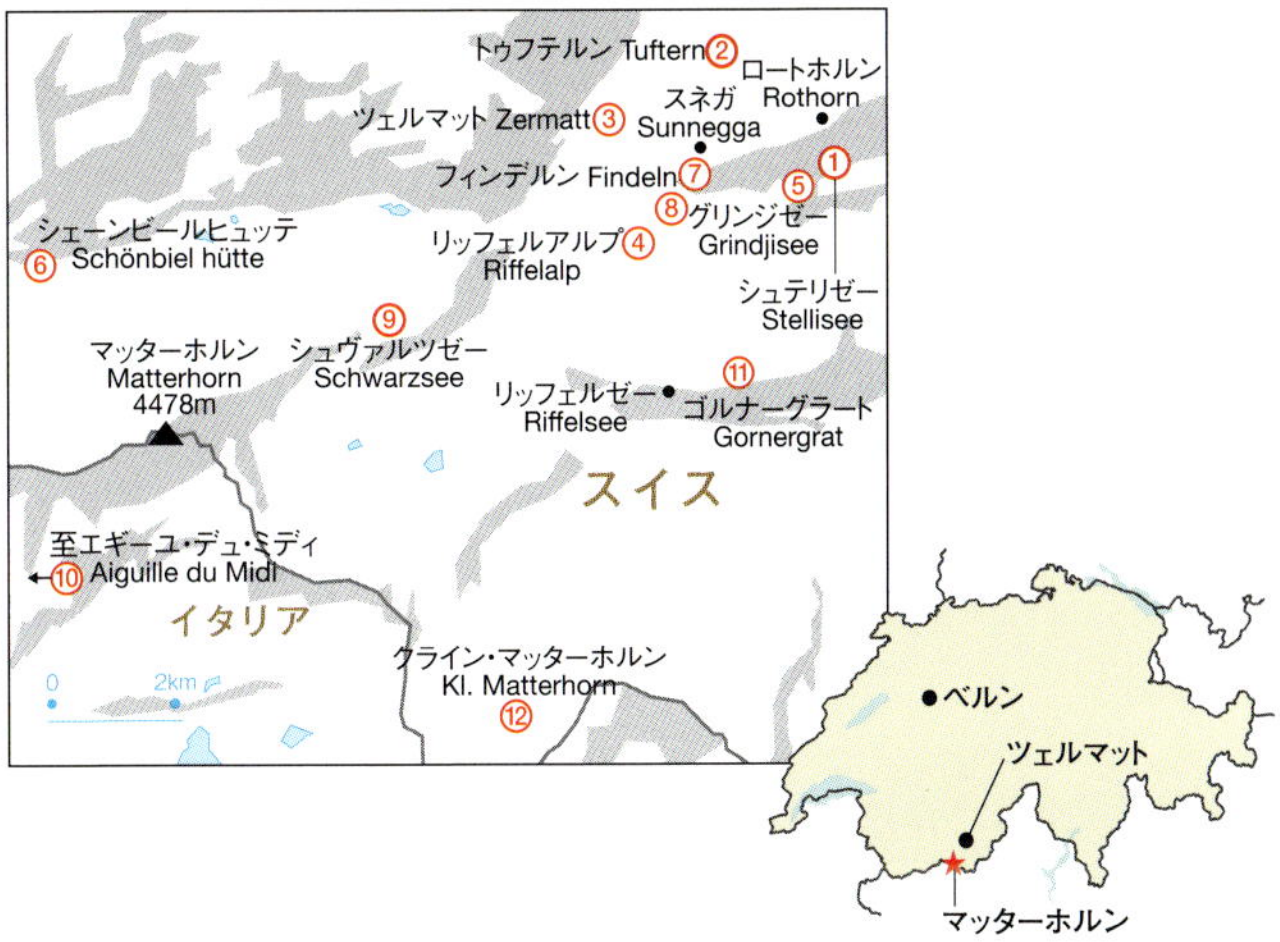

6．シェーンビールヒュッテ8月上旬。ツムット氷河Zmuttgletscherを遡るとある。ここから見るマッターホルンはいつも見る姿とはかなり違う形をしている　7．フィンデルン8月上旬。定番の場所　8．フィンデルン7月中旬。ネズミ返しとマッターホルン　9．シュヴァルツゼー付近6月中旬。オキナグサが満開　10．モンブラン山群のエギーユ・デュ・ミディ展望台から見たマッターホルン（右端）　11．ゴルナーグラート展望台から。夕方　12．クライン・マッターホルン展望台から。一番高く見える山がマッターホルン。イタリア側の山々も見えている

ツェルマット周辺では、至る所でマッターホルンを見ることができる。スイスの名峰には珍しい独立峰で標高も高く、周辺にさえぎる山もないからだ。ツェルマットから行ける展望台はいくつもあり、コンパクトにまとまっているのも特徴だ。１日で回ろうと思えば回ることもできる。一つの山を見るために乗り物がこれだけ発達しているところも他になかなかない。どこから見るマッターホルンがもっとも美しいか。見る場所によって少しずつ形が違うので、自分の中の一番のポイントを見つけるのも楽しい。

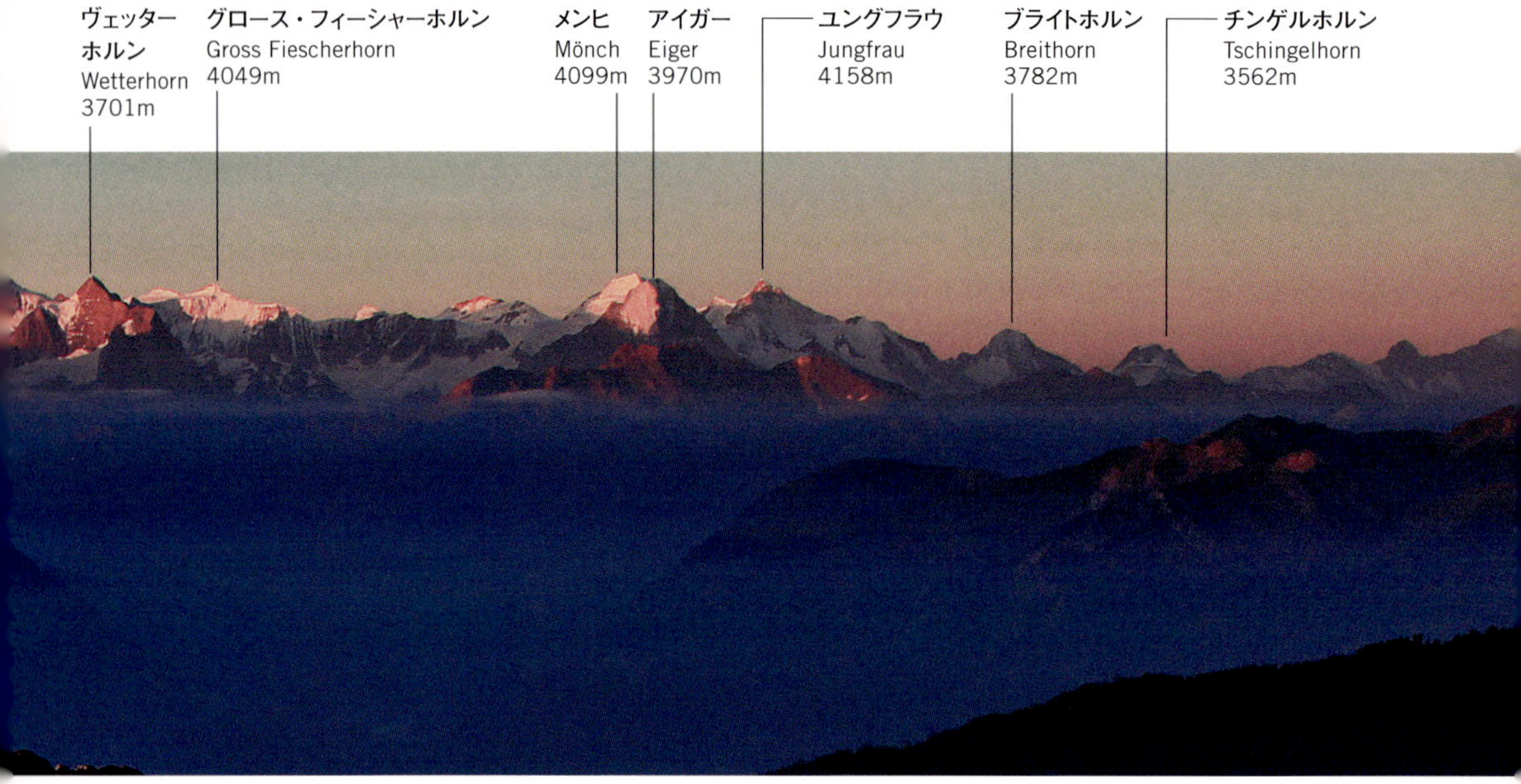

アルプスの展望台、ピラトゥスの楽しみ方

1月～2月上旬

　ピラトゥスとその隣のリギ山はスイスアルプスの展望台として知られる。なだらかなリギ山に対して、ピラトゥスは山全体が険しい岩稜帯で、山の上で見られる高山植物がすばらしい。山頂へはテレキャビンとロープウェイを乗り継いで上がる方法と、登山電車で山頂に至る2ルートがあり、時間的には変わらないが、両方を使って上り下りをした方が変化に富んで面白い。

　山麓にはルツェルンなどの観光地があり、乗り物の運行中は、次々と人が上ってくる。観光客の多くは日帰りだが、山頂にある山岳ホテルで1泊するのがおすすめだ。乗り物が終わる夕方から翌朝までは山頂に宿泊客だけとなるので、日中とはうって変って静かな山が楽しめる。午後ゆっくり上がってきて、ホテルにチェックインし、付近に三つある展望台をゆっくり散策しても2時間。夏は夜9時頃まで明るいので、十分ハイキングができる。乗り物の時間が終了する頃から動物がぞろぞろ出てきてびっくりしたことがあった。シュタインボックや鹿などがたくさん現れてさながら野生の動物園のような感じだった。

アルプナッハシュタートAlpnachstadからピラトゥス山頂駅をめざす登山電車。山頂駅近くは眺めが良い

ピラトゥス山頂から朝、ベルナー・オーバーラント方面を望む。山頂の山岳ホテルに泊まれば、朝夕の風景が楽しめる

右上／ピラトゥスにある2つのピークのうちの1つトムリスホルンTomlishorn（2132m）
右下／7月になると高山植物が咲き始める　中上／トムリスホルン山頂は眺めが良い。山頂駅から約1時間30分ぐらいのハイキングで到着する　中下／山岳ホテルの脇を通りトムリスホルンへ向かう。道沿いに咲く高山植物には花の名前のプレートがつけられている　左／夕方、急な岩場から降りてきたシュタインボック。人がいなくなると動物たちが餌を食べに現われる

エーデルワイスに出会える丘

7月中旬
〜8月上旬

上／エーデルワイスの花を主体に見に行くなら、曇りか小雨の日のほうがよい。砂礫の場所は、晴れていると光ってしまって花が見つけづらいからだ
下右／斜面の下側から青空を背景にして見ると花が際立つ
下中／天気が良い日は周辺の山々と組み合わせて写真を写す
下左／標高が低くなるにつれ、花は大きめになる

　エーデルワイスが見たくてツアーに参加した、という方を必ず連れてゆく場所がツェルマットエリアにある。ウンターロートホルンUnterrothorn（3103メートル）からトゥフテルン（2215メートル）方向へ小一時間ほど歩いて下ったところだ。

　エーデルワイスは、花の女王と言われるだけあり、ポツン、ポツンとしか咲いていないことが多く、それで余計に憧れ度が増すことになるのだが、このスポットは7月中旬から8月上旬にかけて、はずれなく群生している。エーデルワイスのお花畑というのはここでしか見たことがない。マッターホルンや周辺のアルプスの峰々とエーデルワイスの両方が一度に見られるぜいたくな場所だ。

　野生のエーデルワイスは風にも強く、気象条件が厳しい高山に咲く小さく可憐な花。麓の園芸店では栽培されたエーデルワイスも売られている。こちらは花も大きく立派なので写真を撮るには結構好都合かもしれない。

アレッチ氷河を見るならここ

7～8月

アルプス最大で最長（約24キロ）のアレッチ氷河は、周辺の山々を含めて世界自然遺産に登録されている。ヨーロッパ最高地点の鉄道駅ユングフラウヨッホ（３４５４メートル）からは、アレッチ氷河の始まるあたりを見ることができる。その先の氷河を見るには、ローヌRhôneの谷から乗り物を使って行ける3カ所の展望台へ。3カ所とは、標高が一番高い所にあるエッギスホルンEggishorn（２９２６メートル）、氷河が大きく曲がるあたりを見ることができるベットマーホルンBettmerhorn（２８５７メートル）、そして氷河末端の荒々しい姿や河のごとく大きく流れる氷河全体の様子がよくわかるモースフルーMoosfluh（２３３５メートル）だ。

氷河を見ながら歩けるハイキングコースとしておすすめなのが、ベットマーホルン展望台からモースフルーにかけての緩やかな起伏を歩く下りコース。氷河とヴァリス山群のマッターホルンなどが遠望できる。モースフルーに着いたら氷河と反対側に下れば、リーダーアルプRiederalpに至る道にはたくさんの花が咲き競い、山上の楽園のようだ。

上／エッギスホルン山頂から。ロープウェイ山頂駅から岩尾根を30分ほど登るとエッギスホルン山頂に着く。山頂はとても狭い　中／ベットマーホルン稜線上にある展望台から。反対側にはマッターホルンやヴァリスの山々が遠望できる　下／モースフルー周辺から。7月上旬になるとこの周辺にはアルペンローゼのピンク色の花がたくさん咲く

ベットマーホルン駅（2652m）にある展望レストラン。歩いてすぐのところからアレッチ氷河が見える

雪解け間もない頃、草原の一角に現われる小さな水溜りに映るアイガーやユングフラウ。できるだけ低い位置から見ると山々がすべて水面に映る

雪解け水に映る名峰

6月中旬~7月中旬

右／早春の池は水が澄んでいる　左／放牧のために牛が山に上がってくると、糞尿や泥のせいで水が濁るが、逆に水面に山がよく映る

7月上旬、雪解け水でできた小さな池が草原の一角に現れる。池は1カ月だけその場所に存在する。最初、水は澄んできれいだが、山に上がった牛が歩き回るようになると水の色も変わる。

アルプスの山々を映す有名な湖や池は多いが、濁った小さな水溜りの方が山々を鮮明に映し出すことがある。風の影響が少なく波が立たないからだ。濁った水は下が見えず、鏡の原理で対岸の山をきれいに映す。

日中その小さな池があるかどうか下見をしたうえで、水面に映る朝焼けの山々を撮るためにフィルスト展望台にある簡易ホテルに宿泊する。ちなみにフィルストに泊まれることは意外に知られていないが、山登りや山の撮影をしたい人にはお勧めだ。

7月の朝焼けは午前5時半頃。フィルストからバッハアルプゼーBachalpsee方面へ歩いて20分ほど登り右に入った草原にその場所はある。眺望は360度開けユングフラウからヴェッターホルンまでが水面に映る。ただし地図に載る池ではないし、道標があるわけでもない。

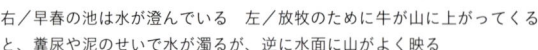

25年でこんなに変わった！

25年前の上グリンデルワルト氷河内部。見学用に掘られた氷のトンネルだ

下2点／上グリンデルワルト氷河。右が25年前。左が谷の奥の現在の様子（2014年）。氷河の衰退具合が顕著にわかる場所だ

地球温暖化が世間でとりざたされるようになって久しいが、変化がゆるやかなだけに日常生活でそれを実感するのは難しい。

私が初めてスイスアルプスを訪れたのが１９８８年の夏。以来25年間に、スイスの自然環境や生活環境は大きく変化したが、一番大きく変わったと思うのは氷河の様子だ。

25年前、ハイキングして上グリンデルワルト氷河Oberer Grindelwaldgletscherに近づくと、森の奥からドカ〜ン、ゴォーと大きな音が頻繁に聞こえた。氷河が動く音だった。森を抜けると氷河見物のレストランもあり大勢の人で賑わっていた。

現在そこからは氷河の端も見えないほど後退。急な長い階段を登って展望テラスに立つと、やっと氷河の末端が見える。階段は、数年前は５００段、次の年は７００段と年々延びている。氷河見物の場所を作る工事をしていたおじさんが、「橋や階段を作って一生懸命氷河に近づこうとしているが、道を作るより氷河が解けるほうが早い」と話していたのが印象的だった。

地元の人だけ知っている、天まで届きそうな山

7月下旬〜8月上旬

右／最初の急な鎖場を登りきると、メッテンベルグが一番鋭くとがって見える場所に出る　左上／小屋が見える位置まで来ると視界が開ける　左中／ハイキング中盤の様子。一見恐そうだが、要所要所に鎖や針金が付いているので意外に簡単に歩ける　左下／見晴らしのよいところに建つグレックシュタインヒュッテ。ハイカーも多いが、ヴェッターホルンに登る人たちの登山基地にもなっている

グリンデルワルト駅前から見上げるメッテンベルグは、四角い大きな壁だ。夜、壁の左側に一つ灯りが点る。上グリンデルワルト氷河に沿って登ると、その正体にたどり着ける。

グリンデルワルト周辺でエーデルワイスの花を見ながら登れる数少ないコースだ。グローセ・シャイデックGr.Scheidegg手前のグレックシュタインヒュッテGleckstein hütte入口で路線バスを下車。雪渓のトラバース、針金がついた登り、右下は切れ落ちた崖と、いきなりスリリングだが、上グリンデルワルト氷河が見える位置まで来ると、少し広く緩やかな道になる。ここから見るメッテンベルグは天高く鋭い三角形の姿に変わる。グリンデルワルト駅前から見るのと全くの別物だ。背後のアイガーも負けないくらい鋭い三角形に見える。

ここから先は上グリンデルワルト氷河に沿った急坂だ。途中、氷河とエーデルワイスを楽しみながらグレックシュタインヒュッテに到着。灯りの正体は、石造りの立派な山小屋だった。

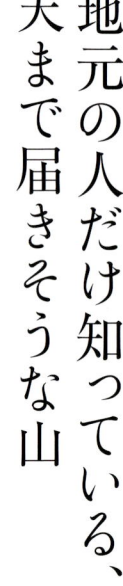

スイス側から見えるモンブラン山群

右／エモッソンダムに上がる3つ目の乗り物、立ち乗りのケーブルカー。背景の白い山はモンブラン　左上／2番目に乗るトロッコ列車。乗客全員がゆったり展望を楽しめるので、3つの乗り物の中で一番人気がある　左下／エモッソンダム。ダムを見下ろせるところまで登ると高層湿原もあり、モンブラン山群がさらによく見える

モンフォール小屋から望むモンブラン山群。中央の台形状の山の右端のピークがモンブラン。画面左端がグランドジョラスGrandes Jorasses。夕方の撮影

7月中旬〜8月

「スイスからモンブラン山群が見えるのですか」と聞かれることがある。答えは「イエス」。スイスの西、マルティーニMartignyを起点としたいくつかのポイントで見られる。モンブラン山群はスイス、フランス、イタリアにまたがって広がり、主峰のモンブラン（4810メートル）はアルプスの最高峰だ。

スイス国内だけを移動してモンブランを望むとなれば、エモッソンダムがおすすめ。ここは乗り物がユニークだ。最初のケーブルカーは壁を這って登るような急こう配、2番目に乗るトロッコ列車は水平な場所を行くが、左側にずっとモンブランが見える。最後は立ち乗りの小型ケーブルカーで、降り場はダムの淵だ。40分ほど歩いて小高い丘に上がれば、モンブラン山群が一望できる場所に立てる。

もう一つのおすすめポイントは、マルティーニから登山電車、バス、ロープウェイを乗り継いでいくモンフォール山の麓にあるモンフォール小屋（2457メートル）。モンブラン山群の東側が良く見える。

ゲンミ峠からの眺望。切り立つ岩峰の向こうにヴァリス山群の山々が望める。
中央に見える山がマッターホルン。ここに行くなら、光線がよい午前中に訪れたい

通商の道をたどる楽しみ

7月中旬～9月

右／山麓のロイカーバートから見たゲンミ峠周辺の岩山
左／ハイキングコースの途中にあるシュバーレンバッハ小屋

人と動物の力によってものが運ばれていた時代、スイスには通商の拠点として数々の峠が開かれた。その一つがゲンミ峠だ。ヴァリスWallis州とベルン州を結ぶ重要な通商ルートとして栄えてきた。ロイカーバートからロープウェイを利用してゲンミ峠（２３２２メートル）まで上がれる。峠からはマッターホルンを中心としたヴァリスの山並みを遠望することができる。

ゲンミ峠からダウベンゼーDaubenseeを北上するハイキングコースはカンデルシュテークへと至る。中間地点のシュバーレンバッハSchwarenbach小屋とレストランは、かつて税関が置かれていた場所だ。

ゲンミ峠の麓、標高１４１１メートルのロイカーバートはローマ時代から峠を行き交う旅人に親しまれてきた伝統の温泉地。1日約３９０万リットルもの豊かな湯量はアルプス最大規模を誇る。50度の源泉が20カ所以上のスパセンターやホテルに送られる。迫りくる山の岩壁を望む屋外温泉プールがおすすめだ。

風が抜ける古《いにしえ》の村

7月中旬〜8月

上／イタリアとの国境に近いソーリオの集落。周囲はハイキングコースの宝庫なので、ここに泊まるのがおすすめ　下右／ソーリオから見た朝焼けのブレガリア山群　下中／ブレガリア谷には小規模の集落が点在している　下左／日中のソーリオ。夏の日差しはとても強いが、石造りの建物の中に入るとひんやりしていて気持ちがよい

急峻なブレガリア谷Val Bregagliaには、谷底から日当たりのよい谷右岸にかけて小さな集落が点在する。断崖絶壁の上にある集落ソーリオもその一つで標高は１０８８メートル。グリンデルワルトとほぼ同じだが、夏、それほど暑くならないグリンデルワルトに比べ、イタリアとの国境近くにあるここは夏の日中とても暑い。それでも石畳の狭い路地が迷路のように入り組んだ村の中に入ると、おや、と思うほど涼しく感じる。宿の主人に聞くと、昔からの知恵で風が抜けるようにできている、と教えてくれた。ブレガリア山群の冷たい空気が路地の隅々まで通り抜ける。日陰に入ればひんやりと、路地を歩けば爽やかさを体感する。

教会と古い集落の向こうにブレガリア山群が屹立する風光明媚な村。初めて訪れてから25年、土産物店と観光案内所ができたが、昔のたたずまいは何も変わっていない。

どこを歩けばいいのかわからない岩山

8月

シュヴァルツホルン（2928メートル）の周りを巡るハイキングは、静かな山歩きが楽しめるおすすめコース。まずはフィルストからバッハアルプゼーに向かう。このあたりはハイキングのメッカのごとく賑わっているが、池の手前で指導標に従い、ハーゲルゼーブリーHagelseewli方向に入ったとたん、静かになる。この先出会うのは野生動物のマーモットや鹿ぐらいだ。

二つの池を越えてしばらく歩くと、四角い岩が石畳のように並んでいる場所に出る。岩の上には道らしい道はないので、ペンキの印を見逃さないよう注意。奇妙な形の岩は粘板岩（Tonschiefer）で、アフリカ大陸とヨーロッパ大陸がぶつかり、その後アルプスの造成の際の褶曲活動で出来た構造と思われる。ここまで来るとシュヴァルツホルンも見上げるような近さに迫る。帰りは峠のヴァルトWart（2714メートル）を越えて、グローセ・シャイデックまで歩く。7月半ばすぎには雪もほぼ消え、道もわかりやすい。

粘板岩の四角い岩が並ぶ所まで来ると、シュヴァルツホルンの鞍部の奥にアイガー（左）とユングフラウが姿を見せる

上／岩は大きいもので畳1枚分ぐらいある。コースで一番高い峠ヴァルトをめざして、この石畳状の粘板岩の上を歩いていく。ところどころにペンキの印があるが、霧の深い時などは見失わないように要注意だ　下右／コース中には面白い形の岩がたくさんある　下左／石畳の手前で歩いてきた方向を振り返る

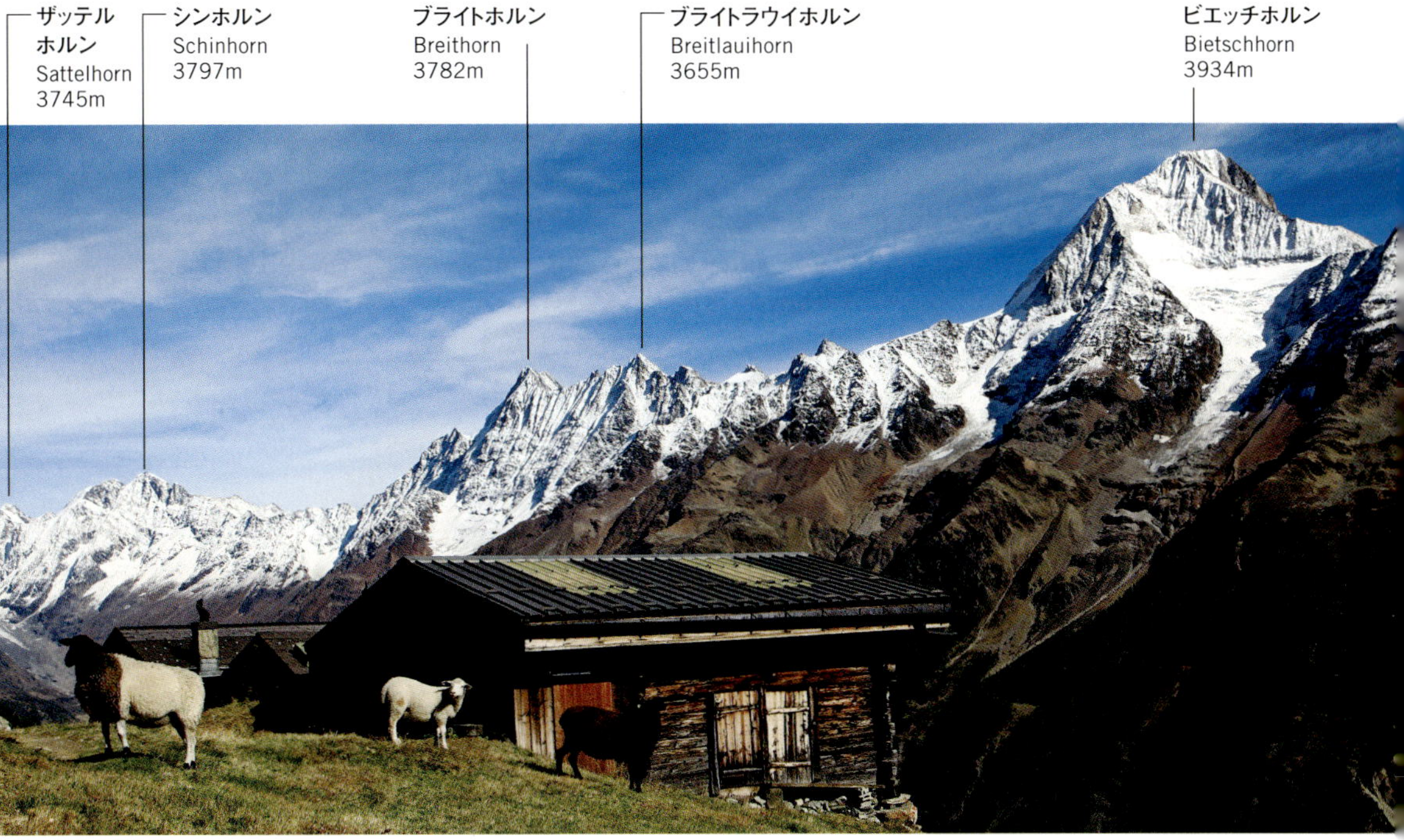

紅葉が一番きれいな谷

10月
上旬

上／10月上旬、ロウヒェンアルプから見たレッチェンタール　下／10月上旬、バスの終点ファフラーアルプ付近にて。地面がベリーで赤い絨毯を敷き詰めたようになる。カラマツの黄葉が中心のスイスアルプスでは珍しい

10月に入るとアルプスの中腹から山麓にかけての樹林帯が紅葉の最盛期を迎える。スイスの山は主に黄葉が美しいが、レッチェンタールは黄葉と紅葉の両方で有名な谷だ。ブリークBrigから各駅停車で20分ほどの山間の駅ゴッペンシュタインGoppenstein駅前から出るバスで、終点のファフラーアルプFafleralpまで行く。秋のベストシーズンは平日でも臨時バスが出るほど人気だ。

谷筋にはヴァリス地方独特の木造建築の集落が点在し、日本のナマハゲに似たチェゲッテという伝統的な祭が残る。谷の地形は急峻で、ビエッチホルンを筆頭に3000メートル級の山々に囲まれている。全体に落葉樹が多く、レルヒ（ヨーロッパカラマツ）の黄金色、ナナカマドの赤色、地面を彩るベリーの紅色もすばらしい。色づく木々と雪山の絶妙なコントラストは、ファフラーアルプからロウヒェンアルプLauchernalp方面へ向かうハイキングコースから見られる。

プランプラッテン駅から歩いてすぐの展望台より望む風景

静かな秋を楽しむとっておきの場所

8月
中旬

展望を楽しんだらアルペンタワーで食事を。外と中、合わせて350席のパノラマレストランだ

「いつも見慣れているアイガーやヴェッターホルンの形が違って見えるから楽しいですよ」と地元の山のガイドさんに薦められて行ったのがアルペンタワーだ。グリンデルワルトの北東にあり、ヴェッターホルンを真裏から見ることになる場所だ。

マイリンゲンMeiringenからロープウェイとゴンドラを乗り継ぎ、プランプラッテンPlanplatten（2245メートル）へ。そこはパノラマが広がる絶景ポイントで、展望レストラン・アルペンタワーがある。

尾根を歩いてすぐのところに、山のパノラマ図が置かれた展望台がある（建物はない）。ここからはヴェッターホルン周辺の山々、アイガー、メンヒ、シュヴァルツホルンなどが正面に、眼下右にハスリの谷Haslital、奥にブリエンツ湖が望める。秋は草紅葉がとてもきれいで、ベリーの赤色の絨毯に出会える場合も。紅葉の進み具合を見て、赤色のきれいな場所を歩くと良い。アルペンタワーから下側の道は険しくないので、安心して歩ける。

伝統ある冬の日光浴

1月〜
2月上旬

ルツェルンやチューリヒは冬、周辺の湖から上がる水蒸気で霧が発生する。濃い霧に覆われての生活が続くと太陽が恋しい。だから近くのリギ山は古くから冬の日光浴のために登られてきた。現在のホテルの前身であるスイス初の山頂ゲストハウスが建てられたのは、登山電車もなかった1816年だ。

霧のたちこめる山麓のアルト・ゴルダウArth Goldauからリギ山へ。登山電車が高度を上げると、中ほどから雲海の上に出る。森を抜けるとアルプスも遠望でき、車中に一斉に歓声が上がる。

現在、リギ山頂近くには「リギ・クルムホテル」があり通年営業されている。できればここに宿泊して朝夕の美しい山並みを楽しみたい。日中はホテル前の椅子に座ってアルプスを眺めながら日光浴をするのが最高だ。

周辺には雪道のウィンターハイキングコースも整備され、初心者も楽しむことができる。ただ、早朝からの場合は、凍っているので6本爪の軽アイゼンを装着したほうが安全だ。

上／リギ・クルムホテルのテラス。天気の良い日の週末は午前中から日光浴する人たちで賑わう　下／リギ山頂付近から見た朝の風景。冬は一日中このような雲海の状態が続くことが多い

1月、一番電車が下から登ってきたところ。リギ・クルムホテルの部屋から撮った

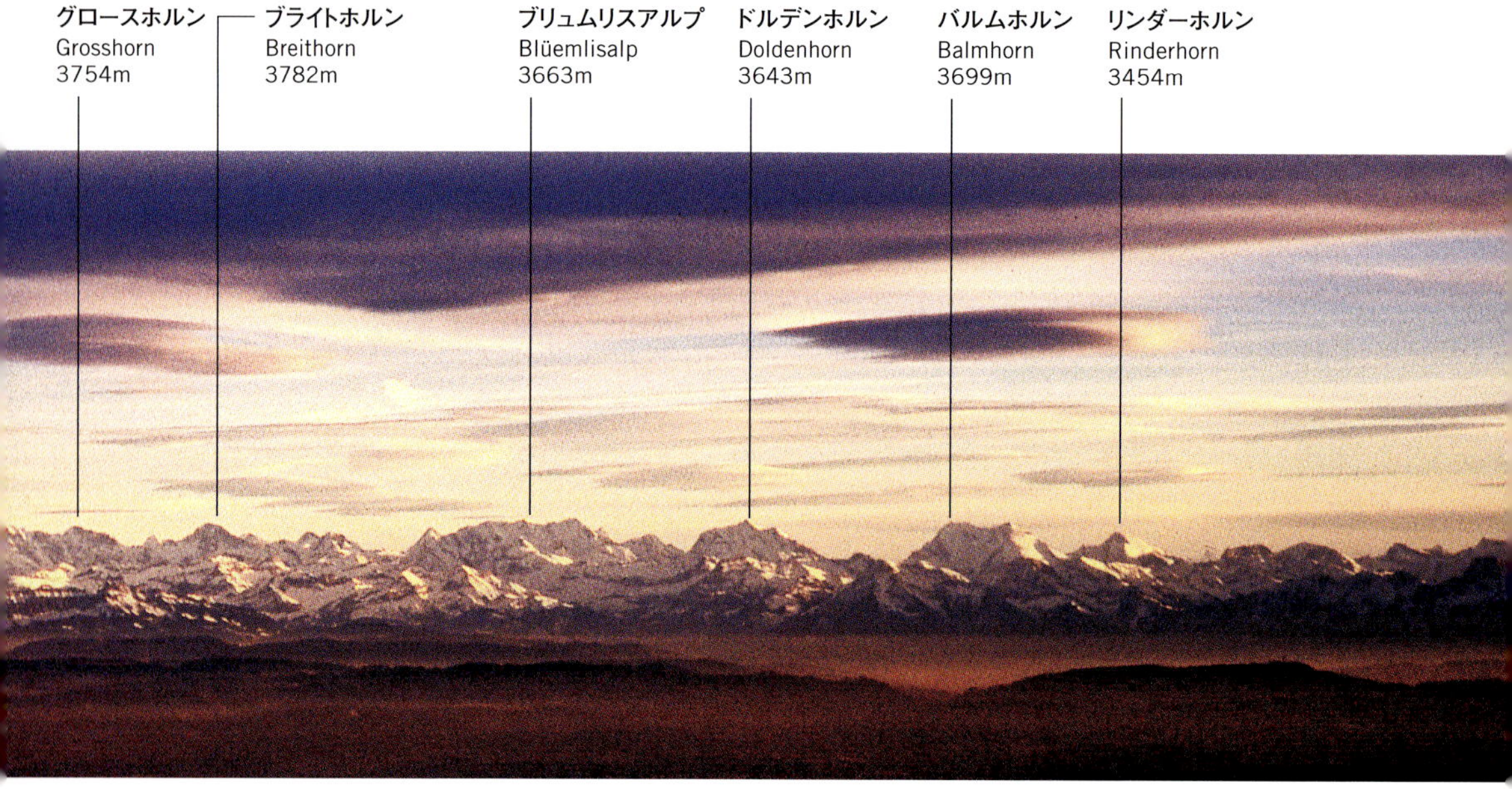

美しき町から アルプスの大展望台へ

1月～
2月上旬

ジュラ山脈のふもと、アーレAare川沿いに発達した町ソロトゥーンは、スイスで最も美しいバロックの町だ。ベルンから35キロメートル、電車で36分。チューリヒからは95キロメートル、電車で1時間程。チューリヒ空港からも直通電車で1時間15分と、とても交通の便の良い場所に位置している。控え目で落ち着きのある、それでいて興味深い文化と長い伝統の息づく町で、人口は1万6000人。イタリア風の荘厳さ、フランス風の魅力、そしてドイツ風の落ち着きを併せ持ち、町の名前も、Soletta, Soleure, Solothurn と3カ国語で表記する。

町には370年頃にローマ人によって建てられた砦等の跡がいまだに遺っている。また、フランス王家が1530年から1792年まで大使を送っていたため、町は大いに栄えた。「大使の町」という名を持つほど、建築物などにフランスの影響が色濃く見られる。町並みは今も美しく、建物は内部を改装しながら、外観は古き良き時代の姿をそのままに残しているため、アルプスの北にある一番美しい町ともいわれている。

また、1481年にスイスで11番目のカントン（県）となったため、11は特別な数。町には11の教会、11の噴水、11の塔があり、サンクトゥルス寺院は11の祭壇、11の鐘があり、入口までの階段も11段ずつに分かれている。

町の中にはもちろん見ごたえ充分の寺院や教会、美術館、博物館もあり、アーレ川の船に乗って、ビール湖まで食事を楽し

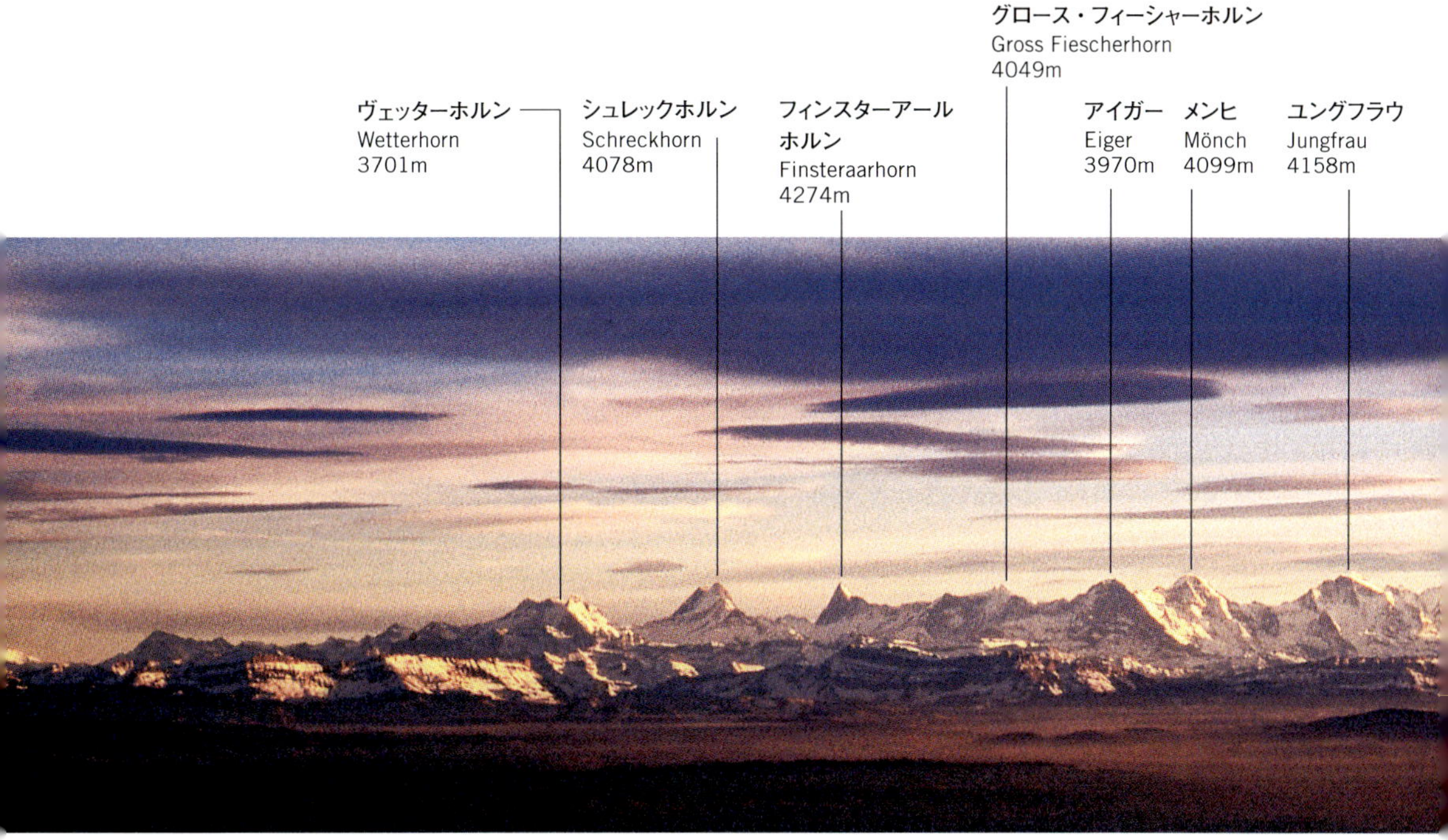

バイセンシュタインのホテル前からの展望。11月下旬夕方撮影。
めったにない夕焼け

みながらのクルーズも満喫できる。

アルプスの大パノラマを楽しむには、ジュラ山脈にあるバイセンシュタイン（白い石）という名の海抜1284メートルの山へ。ソロトゥーンからオーバードルフOberdorfまで、バスか電車で10分程。そこからゴンドラで10分。山に上ると、天気の良い日にはアルプス山脈を全望することができ、思わず息をのんでしまうほど。なだらかなハイキングコースがたくさんあり、ところどころで牛に出会いながらのハイキングが楽しめる。

11の町ソロトゥーンにふさわしく、11時までしか表示されていない時計

上／バイセンシュタインから見たソロトゥーンの町とアルプスの山並み　下／メインストリートの奥にある、ローマカトリック教会のサンクトウルス寺院

強い風によってできる風紋が美しいロートホルン山頂付近。
右側の山はスイスの最高峰モンテ・ローザ(4634m)

ロートホルンからの眺めはマッターホルンが主役。ここから見ると形もきれいで高く見える

手軽に行ける本格的な冬山

1月上旬～2月上旬

スイスアルプスと言うと、日本人には夏のハイキングのイメージが強いが、ハイシーズンは実は、冬だ。天気も安定して、2月になると国民の皆がスポーツのために大移動し、週末は乗り物も混雑する。

それでも1月なら飛行機や宿も比較的とりやすい。標高が高い所にある展望台はすべての乗り物が運行していて移動もスムーズだ。たとえ下に雪がなくても、3000メートル級の高さまで上がれば必ず雪はある。

とくにおすすめは、ツェルマットから乗り物を乗り継いで上がるロートホルン展望台（3103メートル）だ。ここの山頂は比較的広く、スキーコースの脇の安全な雪の中を散策することもでき、冬山に来た実感も湧く。雪が吹きだまりになっているところでは、面白い形の風紋を見ることもできる。アルプスは空気が乾燥していてパウダースノーなので、風紋もできやすいのだ。日本ではこういう景色は厳しい冬山に行かないと見られないが、ここでは乗り物を使って手軽に体験できる。

シュタイン・アム・ラインの市庁舎広場。
ツリーのあたたかい色の光に照らされ、建物が浮かび上がる

シンプルだからこそ美しい

12月
中旬

スイスとドイツの国境に接するライン川沿いの小さな町、シュタイン・アム・ラインは、「ラインの宝石」と呼ばれる美しい町並みで、中世の姿をそのまま残している。建物の壁に描かれたフレスコ画は、文字が読めなかった人のために、絵柄でその家の商売がわかるように説明されているものもある。普段も美しいこの街が、クリスマス時期にはどのようになるのか見たくて出かけてみた。

町の裏道を歩き、まず目をひくのは家々のドアに飾られているクリスマスリースだ。素朴なものからかなり手のこんだデザインのものまで、一つ一つ見て歩くだけで楽しい。暗くなり始めると趣のある家々の窓に、静かに明かりが灯る。町の中心の市庁舎広場にある大きなモミの木のイルミネーションだけがひときわ明るく目立っていた。

通りを華やかな電飾で飾り、大きなクリスマスツリーを置いて賑わう街はいろいろあるが、ここのクリスマスは、ヨーロッパの田舎の村の、昔ながらのクリスマスという感じがして忘れられない。

市庁舎広場には見事な壁画の建物が建ち並び、
中世にタイムスリップしたよう

春

①太陽が出ると草原はタンポポの黄色が目立つようになる（グリンデルワルト周辺　5月中旬）②サクランボの花が満開だ（ブリエンツ湖周辺　4月末）③春の名物、リュウキンカ。背後はアイガー（5月中旬）④オキナグサが咲く（リッフェルベルク　6月中旬～7月初め）⑤ナルシス。5月中旬ぐらいから見ることができる（ラリー周辺）⑥リンゴの花咲く草原（シュピーツSpiez周辺　4月下旬）

スイスアルプスの季節だより

夏

⑦夕映えのアイガー。初夏でも雪が降り冬の様相だ（グリンデルワルトから　6月下旬）⑧ソーリオ村で見つけた花飾り（7月中旬）⑨アイガーと周辺の山々を映す池。雨のあとの方が池の水も多くきれいだ（7月中旬）⑩夏は湖を巡る船の旅が盛んになる（トゥーン湖）⑪ユングフラウヨッホからのハイキング。本格的なアルプスの雰囲気が味わえる（7月下旬）⑫フォルクラ・スールレイFuorcla Surlejにある池。ベルニナ山群を映す（7月下旬）⑬標高が高い所は、7月にお花畑が満開になる（フィルスト周辺　7月上旬）

夏

日没前のまだ雨が降る中、メッテンベルグの岩山の上に出た虹。太陽の位置が地平線に近いほど虹は空高く濃い色に見える。グリンデルワルト駅前で撮影

スイスアルプスの季節だより

秋

①グリンデルワルトの紅葉は、ツェルマットより1週間ほど遅れて美しくなる（イトラメンItramen　10月中旬）②クライネ・シャイデックKleine Scheideggは一面赤色ばかりだ（10月10日）③落葉樹の樹木が多いツェルマット周辺（ツムゼーZumsee　10月15日）④スネガからフィンデルン方向に少し下りたあたりに赤い紅葉があった（10月上旬）⑤羊の毛を刈った後、持ち主に返すための仕分けが行われている（マイリンゲン周辺　10月末）⑥スイスで一番紅葉がきれいな谷、レッチェンタール（10月上旬）

スイスアルプスの季節だより

冬

⑦日没後すぐの光景（グリンデルワルト　1月）⑧松の実を食べに森の中で忙しく活動するリス（ポントレジーナ　1月）⑨ソリの付いた馬車で谷の奥まで散策。エンガディンは雪も多く寒いが冬もきれい（オーバーエンガディンOberengadin・フェックス谷Val Fex　2月）⑩月とヴェッターホルンの夕焼け。あまりお目にかかることがない光景（グリンデルワルト　1月）⑪太い氷柱。すごく寒い年に見ることができる（ラウターブルンネンの谷周辺　1月）⑫落ち葉に霜が付着しているさまは初冬によく見られる（ツヴァイリュッチネンZweilütschinen　12月）

スイスアルプス花づくし

山登りでもハイキングでも、スイスアルプスの醍醐味の一つは、やっぱり花。スイス三大名花から森の小さな花々まで、多彩に楽しめます。

まだ寒々しい大地に目覚めたプルサティラ・ウェルナリス（オキナグサ）の大輪

のどに優しいハーブ

＊フキタンポポ

3～6月

[Tussilago farfara]
トゥシラゴ・ファルファラ
キク科
花期：3～6月
草丈：5～15㎝
標高2800mくらいまでの湿った牧草地や森林に生育

雪解けとともにニョキッとつくしのような芽を出し、径が2センチほどの小さなタンポポに似た花を咲かせる。この頃には葉がないのが特徴。花が終わり、まわりの花々が咲き揃う頃にようやくフキに似た葉を出す。葉だけのこの頃は、花を探しても見つからない。学名の「Tussilago は「咳を治す」の意。ヨーロッパでは古くから咳止めや痰きりのハーブとして知られており、サラダやスープ、薬用タバコにして治療に用いられた。日本でも款冬花《かんとうか》という鎮咳去痰作用のある生薬として知られる。

威勢よく明るく咲くタンポポ。眺めているだけで元気をもらえる

タンポポの汚名返上

＊セイヨウタンポポ

4～10月

明治の初期、牧草と一緒に北海道にやってきたセイヨウタンポポ。その圧倒的な繁殖力ゆえ日本では厄介者扱い。肩身は狭いが態度はでかい。しかしスイスのアルプに咲き乱れる姿は全く違った印象だ。

4月中旬ごろ標高の低い牧草地のまだ若い緑に、絵具を混ぜたかのようにタンポポの黄色が滲むように咲き広がる。その光景に国籍問わずあちこちから感嘆の溜息が聞こえてくる。そして徐々に上へ、6月には標高2000メートルくらいまで山登りをする。陽が昇って気温が上がり始めた頃から少しずつその黄色い花を広げ、一番太陽が眩しい時間には全開となる。そして陽が沈むとともに閉じていく。太陽が雨雲に遮られるような日はタンポポもお休み。まるで太陽のような花だ。

属名Taraxacumは「苦い野菜」、種小名officinaleは「薬効ある」の意で、ヨーロッパでは強力な利尿薬として古くから親しまれる、最も身近で有用な薬用植物の一つ。葉はサラダやスープに、根は煎って茶にしてコーヒーのような味わいを楽しむ。

[Taraxacum officinale]
タラクサクム・オフィキナレ
キク科
花期：4～10月
草丈：5～30㎝
2500mまでの牧草地、草原、道端に生育

新潮社

新刊案内

2015 **3** 月刊

太宰治の辞書

編集者として時を重ねた《私》は太宰治の「女生徒」の謎に出会う。円紫さんの言葉に導かれ、本を巡る旅は、創作の秘密の探索に――待望の《私》シリーズ最新作。

北村 薫
3月31日発売●１５００円
406610-0

神様が降りてくる

突然現れた美しい女性は、二十年前に刑務所で知り合った米兵の娘だった――。あの日の裏切りを暴いてしまってもよいのだろうか？ ハードボイルドの灯、復活！

白川 道
3月20日発売●２１００円
399403-9

黄泉眠る森
醍醐真司の博覧推理ファイル

人気漫画家の失踪、封印されたおぞましい過去、そして古代史最大の謎「邪馬台国」――天才オタク編集者が本領発揮！ 知的興奮必至の博覧強記ミステリ。

長崎尚志
3月20日発売●１６００円
332172-9

2015年3月新刊

身体をゆるめて心をゼロに
リセットするヨガ

長島千比呂
3月31日発売●１３００円

1日10分の「ゼロ体験」であなたのキレイを取り戻す！ ポーズ、呼吸法、瞑想の3ステップが心身を不調から解放する、はじめての簡単ヨガレッスン。

339111-1

真昼の星への旅

水越 武
3月31日発売●３００００円

日本アルプス、ヒマラヤの氷河、原生林……半世紀にわたる撮影行の集大成としてモノクロのみで構成する豪華版写真集。限定５００部、オリジナルプリント付。

315232-3

新潮選書

「空間」から読み解く世界史
馬・航海・資本・電子

人は自らの生活空間の認識を革めることによって進化を遂げた——「空間革命」という歴史観を基に文明誕生から今日までの五千年を一気に通観する試み！

宮崎正勝
3月27日発売
●1400円
603763-4

芸人という生きもの

かくも傍迷惑で魅力的な人間がこの世にいる愉快！ 談志、志ん朝、勝新、マルセ太郎から談春、昇太、可朝まで、間近に接した著者が描く演芸人類学！

吉川潮
3月27日発売
●1300円
603765-8

子どもはみんな問題児。

「いざという時、子どもは強い」「ナンバーワンは、お母さん」。名作絵本「ぐりとぐら」作者が教えてくれた、子育て中の心がほぐれる45のメッセージ！

中川李枝子
3月31日発売
●1000円
339131-9

◎著者名下の数字は、書名コードとチェック・デジットです。ISBNの出版社コー
◎ホームページ http://www.shinchosha.co.jp

＊表示の価格には消費税が含まれておりません。
＊ご注文はなるべく、お近くの書店にお願いいたします。
＊直接小社にご注文の場合は新潮社読者係へ
電話／0120・468・465（フリーダイヤル・午前10時〜午後5時・平日のみ）
ファックス／0120・493・746
＊本体価格の合計が1000円以上から承ります。
＊発送費は、1回のご注文につき210円（税込）です。
＊本体価格の合計が5000円以上の場合、発送費は無料です。

新潮社
住所／〒162-8711 東京都新宿区矢来町71
電話／03・3266・5111

読書人の雑誌
波
月刊／A5判

＊直接定期購読を承っています。
お申込みは、新潮社雑誌定期購読「波」係まで—電話／
0120・323・900（フリーコール）
（午前9時〜午後6時・平日のみ）
購読料金（税込・送料小社負担）
1年／1000円
3年／2500円
※お届け開始号は現在発売中の号の、次の号からになります。

警察小説の名手が描く、熱涙ミステリ!

冬芽の人《とうがのひと》

捜査一課を辞した元刑事。彼女が再び銃を手にするとき――。

大沢在昌 ●840円 126032-7

いちばん長い夜に

暗い過去を持つ女二人が見つけた生きがい、居場所とは――。

乃南アサ ●710円 142553-5

ノエル―a story of stories―

現実に立ち竦み、〈物語〉を紡ぐ三人の男女。傑作ミステリー。

道尾秀介 ●590円 135555-9

南紀新宮・徐福伝説の殺人

古代史に隠された謎を追い、十津川警部、南紀新宮へ。

西村京太郎 ●490円 128529-0

闇の伴走者―醍醐真司の博覧推理ファイル―

ドラマ化

凄腕編集者と女性探偵が未発表漫画と連続失踪事件の謎を解く。

長崎尚志 ●630円 126851-4

隔離島―フェーズ0―

書下ろし

離島に赴任した女医を死が包囲してゆく。戦慄の医療サスペンス。

仙川環 ●670円 126831-6

春告げ坂―小石川診療記―

安住洋子 134236-8

新潮文庫 3月の新刊

※表示の価格には消費税が含まれておりません。出版社コードは978-4-10です。

日本文学100年の名作 全10巻

第7巻 1974―1983 公然の秘密

新潮文庫創刊100年記念、世紀の名編アンソロジー第7弾!

池内紀 川本三郎 松田哲夫 編 ●790円 127438-6

今宵もウイスキー

今こそウイスキーを読む。居酒屋の達人が選んだ随筆と短編。

太田和彦 編 ●550円 133338-0

白洲家の日々―娘婿が見た次郎と正子―

奇想天外な義理の両親の素顔と教え。秘話満載の名エッセイ。

牧山圭男 ●520円 137952-4

「進化論」を書き換える

自然選択説は穴だらけ。進化論の常識を覆す刺激的論考。

池田清彦 ●460円 103528-4

経営学を「使える武器」にする

豊富な実例をもとに「伝説の人材研修」のノウハウを初公開!

高山信彦 ●460円 126691-6

ハーバード式脱暗記型思考術

MBA取得、グーグル勤務の著者が解説。成功する思考術!

石角友愛 ●490円 126751-7

マクドナルドで学んだすごいアルバイト育成術

マクドナルドの最優秀店長が動き方、動かせ方の秘密を公開。

鴨頭嘉人 ●460円 126711-1

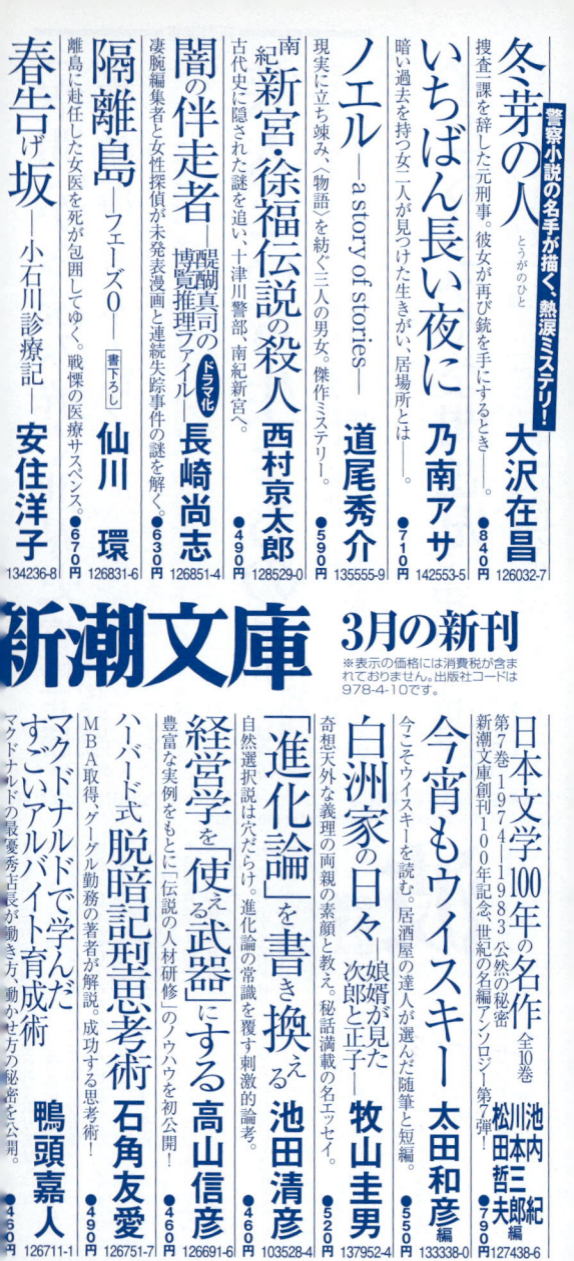

ダマシと呼ばれて

＊イワカガミダマシ

5～8月

雪がとけたばかりの湿った場所に控えめに咲く花、ソルダネラ・アルピナ。背丈は低く、花の大きさも1センチ程度ととても小さいので、うっかり踏んでしまいそうになる。英名はAlpine Snowbell、独名はGrosses Alpenglöckchenと、どちらも「高山に咲く鐘のような花」といった意味だが、和名はイワカガミダマシと少し気の毒な名前がついている。サクラソウ科であるこの花が、日本のイワウメ科のイワカガミによく似ているのに別種であることに由来している。たまたま日本の他の花に似ていたばかりに「ダマシ」などと呼ばれ、この花への同情の念を禁じ得ない。

少し緑が増えてきたころにソルダネラ・プシラがでてくる。アルピナに比してさらに小さく華奢な印象。花冠の切れ込みが浅いのが特徴だ。

今にもリンリンと鐘の音が聞こえてきそう。しっとりとした日と晴れた日とでは、ずいぶん印象の変わる花だ

[Soldanella pusilla]
ソルダネラ・プシラ
サクラソウ科
花期：6～8月
草丈：10cm以下
標高1800～2000mまでの湿った場所に生育

[Soldanella alpina]
ソルダネラ・アルピナ
サクラソウ科
花期：5～7月
草丈：5～15cm
標高3000mまでの湿った場所に生育

イワカガミ
イワウメ科
長野県御嶽山にて

春の扉を開く鍵

＊セイタカセイヨウサクラソウとサクラソウの仲間

3～8月

ピンクのサクラソウは日本の山でもよく見かけるが、黄色はない。こんな花々の歓待を受けると山歩きが一層楽しくなる

スイスに咲くPrimula（サクラソウ属）の中で一番最初に咲くのがセイタカセイヨウサクラソウだ。雪が解けるころから咲き始めるのだが、4月、5月は春と言ってもまだ冬の名残があり、去り遅れた〝寒〟が戻ってくることがある。せっかく顔をだした花たちも、すっかり春気分の人々も、突然の一面の銀世界にしばしば驚かされる。

この花の独名にはWald Schlüsselblume「森の鍵の花」という何とも美しい名前がついている。病気の母を持つ少女が花の妖精に誘われ、城の門の鍵穴にサクラソウを差し込むと、城の中には山のような宝物。それらで母の病気を治したというドイツの物語に由来している。サクラソウの属名Primulaは「最初の」の意でイタリア語のPrima verola「春一番の花」が語源。ヨーロッパの長い冬に別れを告げ、花の季節がやってくる。春の扉を開けてくれる鍵の花なのだ。

[Primula elatior]
プリムラ・エラティオル
サクラソウ科
花期：3～6月
草丈：10～25㎝
標高2700mまでの湿った牧草地に生育

茎が短く地面に近いところで花を咲かせる。主にサン・モリッツ周辺でみられる

[Primula integrifolia]
プリムラ・インテグリフォリア
サクラソウ科
花期：6～7月
草丈：2～6cm
標高1900～2700mの草地、ガレ場に生育

日本のユキワリコザクラの近縁。一茎に2～3個の花をつけるものから、ぼんぼりのように花つきのいいものまである

[Primula farinosa]
プリムラ・ファリノサ
サクラソウ科
花期：5～7月
草丈：5～20cm
標高3000mまでの湿った牧草地に生育

広い葉が特徴で種小名auriculaは「小さな耳」の意。和名はアツバサクラソウ。園芸種のオーリキュラの原種の1つ

[Primula auricula]
プリムラ・アウリクラ
サクラソウ科
花期：6～8月
草丈：5～20cm
標高2900mまでの湿った草地や岩場に生育

真ん中が白いのが特徴。岩場によく咲く

[Primula hirsuta]
プリムラ・ヒルスタ
サクラソウ科
花期：5～7月
草丈：3～10cm
標高3600mまでの岩場に生育

春の小川はきらきら輝くよ

＊リュウキンカ

3～5月

春は山の雪解け水で川の水量が増す。長かった冬を送り出すかのようにリュウキンカが川を囲む

「あら、スイスにもヤチブキがあるのね」。そう呟いたのは北海道民。谷地にあり葉がフキに似ることから東北以北に生息する変種のエゾノリュウキンカをそう呼ぶ。「若い葉っぱや茎をおひたしにするとおいしいのよ」。ヤチブキは山菜として親しまれており、有毒植物がほとんどのキンポウゲ科の中では珍しい。ヨーロッパでは花芽を酢漬けにしてケッパーの代用にしたり、若い葉や茎を料理に用いたりする。しかし、無毒というわけではないので、食べ過ぎると、体調によっては吐き気や下痢を引き起こすことがある。

　英名・独名は「沼地のマリーゴールド」、学名はCaltha（強い匂いのある黄色い花）、palustris（沼地を好む）。いずれの名前も沼地にあることを示すとおり、足がぬかるむほど湿ったところや沢沿いに咲く。春にはリュウキンカの黄金色の川が流れ、まだ殺風景なアルプに色を添える。

[Caltha palustris]
カルタ・パルストリス
キンポウゲ科
花期：3～5月
草丈：15～50㎝
2500mまでの湿地や沢沿いに生育

透き通る美しさ

＊クロッカス

3～6月

ヨーロッパでは春を告げる花の筆頭として親しまれており、雪解けと同時に顔を出す。養分の多い湿ったところを好み、最後まで雪が残るような窪地や牧草地などに群生して咲く。まだ寒い春に蕾がふっくらし、上着を一枚減らすような陽気の日に一気に咲き広がる。花は白色が多いが、紫色や、紫色の筋が入った白もあり、真っ白な絨毯に彩りを添える。花びらは透き通るような薄さで、晴れた日も美しいが、雨上がり、まだ低い位置から差す陽光に輝く雫は格別だ。この花が咲く頃はまだ周りには花も少なく、草丈も低い。アルプスの山々もまだ冬の表情で、春らしい画を撮るには最高の被写体だ。

野生のクロッカスは驚くほど小さい。この花は横顔から斜め30度あたりが最も美人に見える。後ろの山はアイガー

[Crocus albiflorus]
クロクス・アルビフロルス
アヤメ科
花期：3～6月
草丈：5～15cm
2700mまでの湿った牧草地に生育

花から花へ忙しく飛び回る花蜂。幼虫のエサになる花粉と蜜を集めようと必死

コラム

春の恵み、ベアラウフ

標高2000メートル以上ではまだスキーをしている頃、雪の解け出す1000メートル以下の森では最高に楽しくておいしい春のイベントがある。ベアラウフ摘みだ。ベアラウフ(Allium ursinumアリウム・ウルシヌム)とは、直訳すると「熊のネギ」で、日本の行者ニンニク(Allium victorialisアリウム・ヴィクトリアリス)の近縁種だ。ベアラウフに和名をつけるとしたら、西洋行者ニンニクといったところだろうか。

ベアラウフを摘みに足を向けるのは落葉樹林の森だ。まだ雪が解けたばかりで色のない森の足元に鮮やかな緑の絨毯が広がっていたら、それがベアラウフだ。目が慣れない頃は鮮やかな緑に反応して、近づいてみると苔だったなんてことがよくあったが、慣れてくると野生の勘がバリバリ働いてベアラウフの元へと導かれている気さえしてくる。摘む際には毒を持つスズランの葉との採り違いに気をつけなければならない。日本でもヨーロッパでもこの2種類は同じような時期に同じような場所で同じような葉を出すからだ。

摘み終わったら強烈なニンニク臭にまみれながら家路につき調理開始。スイスでは4、5月になると、ベアラウフの生葉、ベアラウフ入りチーズ、バター、ソーセージなどが旬の物としてスーパーに並べられる。一般家庭ではオリーブオイルや松の実と一緒にミキサーにかけペースト状にして保存し、パスタに練りこんだり、ソースにしたりして、皆、春の味を楽しんでいるようだ。しかしヨーロッパの人以上にこの葉が出てくるのを楽しみにしているのは、日本人をはじめアジア人ではないかと思う。というのもヨーロッパではニラが栽培されていないため、なかなか手に入れられないのだ。大きな街のアジア食材店には輸入品があるが、一般的ではない。ヨーロッパ在住の日本人の間ではニラの代用として、翌日に会う人や職場での臭いを気にしながらも、ギョウザやニラ玉、しょうゆ漬けなどにして、ひと時の日本の味を懐かしむ、とても人気のある春の山菜だ。

ベアラウフ群生の様子

ベアラウフの花

スーパーに売られているベアラウフ入りのブリーチーズ

天を仰ぐ青い星

＊春リンドウ

ゲンティアナ・シュライヒェリ。ウンターロートホルンにて。
後ろの山はモンテ・ローザ

3～6月

高さ10センチ前後と小さいながらも天に向かって元気に咲く星型の花。その可愛らしい姿とひときわ目を引く青さには心を奪われる。

種小名vernaは「春咲き」の意、英名も独名も直訳すると春リンドウとなるのだが、日本でみられるハルリンドウGentiana thunbergiiとは異なる。リンドウ属の中ではこの花が一番に顔を出すのだが、春だけでなく秋までずっと咲いているなと思ったら、なんと違う種類だった。スイスアルプスには20種類近くのリンドウ属の花が咲き、半分は青色で似たような形をしている。そのうち4種類は葉やガク、茎で見分けないとわからないほどの違いだ。

[Gentiana nivalis]
ゲンティアナ・ニワリス

[Gentiana utriculosa]
ゲンティアナ・ウトリクロサ

[Gentiana verna]
ゲンティアナ・ウェルナ
リンドウ科
花期：3～6月
草丈：3～12cm
標高600～2900mの湿った牧草地に生育

[Gentiana bavarica]
ゲンティアナ・バワリカ

[Gentiana schleicheri]
ゲンティアナ・シュライヒェリ

[Gentiana brachyphylla]
ゲンティアナ・ブラキフィラ

[Gentiana orbicularis]
ゲンティアナ・オルビクラリス

心を癒すお顔立ち

＊スミレの仲間

3～9月

スミレ舞う丘。サン・モリッツ、コルヴィリアCorviglia付近

[Viola tricolor]
ビオラ・トリコロル
スミレ科
花期：3～9月　草丈：10～40cm
和名：サンシキスミレ
2700mまでの草地や岩場に生育

スイスアルプスでは一番よく目にする種。花径も3～4cmと大きめで群生する

[Viola calcarata]
ビオラ・カルカラタ
スミレ科
花期：6～8月
草丈：3～12cm
標高1600～2800mの陽当たりのよい草地に生育

花径は3～4cmと大きめで面長な印象。ミューレンのアルメントフーベルのあたりで多くみられる

[Viola lutea]
ビオラ・ルテア
スミレ科
花期：6～8月
草丈：10～20cm
標高2000mまでの陽当たりのよい草地に生育

花は小さく、葉は腎心形

[Viola biflora]
ビオラ・ビフロラ
スミレ科
花期：5～8月　草丈：5～20cm
和名：キバナノコマノツメ
標高800～2500mの湿った場所や陽当たりのあまりよくない場所に生育

　世界にスミレ科は16～23属、約900種。そのうち半数の約450種をスミレ属が占めている。南極大陸を除く大陸という大陸、玄関を一歩出た道端から道の先、海の近くから高い山の上まで広く分布している。日本ではスミレだけで一冊の分厚い図鑑ができるほどだ。万葉の時代から歌に歌われ、バイオレットやスミレ色、すみれさんと色や人の名前になったりと、いかに身近で人々に親しまれているかが窺い知れる。

　スミレの存在をより身近にさせているのが、園芸種のパンジーだろう。街の花壇や花屋、庭先には欠かせない花だ。これの原種にあたるのがビオラ・トリコロルで、開国前の日本にオランダ人が持ちこんだとされる。その当時は蝶のような風貌から「遊蝶花」「胡蝶菫」、人の顔のように見えることから「人面草」とも呼ばれ、のちに学名をそのまま訳した「三色すみれ」となった。英名はHeartsease「心の癒し」。いろんな表情を見せるスミレの花に今も昔も、人々は心を癒されるのだろう。

スミレという名の食虫植物

＊ムシトリスミレ

5～8月

スミレと和名のつくこのムシトリスミレ。スミレに似ていると言われればそんな気もするが、全く別種でタヌキモ科という少々聞きなれない科に属する植物である。そして、気になるムシトリという名。虫を捕るんだろうか……。その名の通り、虫を捕る食虫植物なのである。

ねばねばとした葉に足をとられたら最後、消化吸収され養分となっていくのだ。根から養分を吸い上げる、光合成をして養分をつくりだす。この植物の基本的な生活史にどこの進化の過程で虫を捕えて養分にするという選択肢が加えられたのだろう、などと葉の上で苦しそうな虫を見ながら考えていると、この植物のしたたかさに感心せずにはいられない。

[Pinguicula alpina]
ピングイクラ・アルピナ
タヌキモ科
花期：5～8月
草丈：5～15cm
標高2600mまでの湿った草地に生育

[Pinguicula leptoceras]
ピングイクラ・レプトケラス
タヌキモ科
花期：5～8月
草丈：5～15cm
標高2600mまでの湿った草地に生育

雪つもる春

＊ナルシス

5～6月

花、山、街、湖が一体となった風景。レマン湖の対岸はお隣の国フランスだ

「今ナルシスはどの辺が見ごろ？」「昨日レ・プレイヤードに行った人がよかったと言っていたわ」。レマン湖畔のモントルーやヴヴェイ付近の山で見られるナルシスの群落。麓で情報を収集してどこを目指すか決めるとよい。純白の風車のような花が緑を覆い尽くすほど山一面に咲き乱れ、本当に雪が積もったかのような光景は「5月の雪」の呼び名にふさわしい。

この花の語源には諸説あり、ギリシャ神話でナルキッソス（ナルシス）が池に映った自分の姿に恋し、恋が成就しないまま死んでその場所にこの花が咲いたという話はあまりにも有名でナルシストの語源にもなっている。また、ギリシャ語で「麻痺させる」という意味の「ナルケ」にも由来。これは全草に猛毒を含むことからで、特に鱗茎に多い。ヨーロッパにはニラ自体ないため誤食はないが、日本では花をつける前のスイセンの葉とニラの誤食で中毒をおこし、毎春ニュースで注意が呼び掛けられる。そんな怖い一面を持っているが、とても繊細な花。環境の変化や人や牛の踏みつけですぐに咲かなくなってしまう。一時は絶滅の危機に瀕したが、今は地元の団体によって保護されている。ナルシスに限ったことではないが、美しい花々や素敵な風景は壊すことなくいつまでも大切にしていきたい。

[Narcissus Poeticus]
ナルシスス・ポエティクス
ヒガンバナ科
花期：5～6月
草丈：20～40cm
モントルーやヴヴェイ付近、標高1000～1500mの牧草地に生育

完全防水のマント

＊ハゴロモグサ

5～9月

この植物は夜の間に地面から吸い上げた水分を葉の先から分泌する。細い軟毛がびっしりと生えた葉の上で、それらはぷるんと大きな露の玉になり、昼頃には自然になくなる。中世では夜露を集める魔術的な植物とされ、この不思議な水を錬金術に用いたのだとか。学名のアルケミラはこれに由来する。

葉は生でサラダに。乾燥させて茶にしたものには月経不順などの婦人病に効果がある。英名Lady's mantle、独名Frauenmantel、どちらも女性のマントという意味だ。雨の日はアウトドアメーカーのレインウエアもびっくりするほどの水の弾きっぷり。使い古して撥水効果の薄れた雨具をまといながら、その完全防水のマントについつい羨望の眼差しを送ってしまう。葉が美しいのでヨーロッパではグラウンドカバーとして、また庭や道路の縁取り花として、山だけでなく街でもよく目にする。日本では園芸のものは見かけるが、自生しているこの仲間は1種（Alchemilla japonica）、北海道の夕張岳や北・南アルプスなど限られた高山だけで見られる希少種だ。

[Alchemilla xanthochlora]
アルケミラ・クサントクロラ
バラ科
花期：5～7月
草丈：30～60㎝
標高3000mまでの陽当たりのよい牧草地に生育

[Alchemilla nitida]
アルケミラ・ニティダ
バラ科
花期：6～9月
草丈：10～20㎝
標高1000～3000mまでの陽当たりのよい牧草地に生育

よく似た黄色い花たち

＊ハンニチバナ、ダイコンソウ、キンポウゲ、キジムシロ

5～9月

6月も中旬にさしかかってくると、多種多様の花が毎日どんどん開く。背丈は違うものの花の径が似たような黄色い花や白い花が多く咲き、どれも同じように見えてしまう。しかしちょっとした見分けのポイントで違いを楽しむことができるので、ぜひご紹介したい。

ハンニチバナ　よれよれっとした弱々しい薄い花びらが印象的。咲いている花の脇を見るとまだ花を咲かせていない蕾が5～6個ついているのが見られる。ハンニチバナの名の通り太陽の出ている半日だけしか咲かない。1つの花は半日の命で次の日には別の蕾が花を開かせる。そうやって入れ代り立ち代り花を咲かせていく。ハンニチバナ科はヨーロッパや地中海、北アメリカに分布する科で日本に自生しているものはない

[Helianthemum nummularium]
ヘリアンテムム・ヌムムラリウム
ハンニチバナ科
花期：6～9月
草丈：10～40㎝
標高2700mまでの乾燥した牧草地に生育

少し変わったダイコンソウ　この花が同じダイコンソウ属の花と聞いた時は少々驚いた。日本に自生はないが、風鈴ダイコンソウという名前で園芸用として親しまれている

[Geum rivale]
ゲウム・リワレ
バラ科
花期：6～7月
草丈：30～60㎝
標高2100mまでの湿った牧草地に生育

[Geum montanum]
ゲウム・モンタヌム
バラ科
花期：5～8月
草丈：10～40㎝
標高1200～3000mの牧草地に生育

ダイコンソウ　咲き始めのころは真ん中でお行儀よくまとまっている雄しべが花期が進むにつれ広がり、皆好きな方向を向いていく。とにかく雄しべがたくさんある印象だ。和名のダイコンソウは根生葉（根に一番近いところからでる葉）が大根の葉に似ているから、と言うが「うーん」と唸ってしまう。あれこれ控えめにみても腹落ちしないネーミングだ。ダイコンソウは花が終わると56～57頁で紹介するオキナグサのようにそう果を付ける。そう果だけを見ると同属のチングルマ（チングルマ属という見解もある）を思わせるが、スイスアルプスにチングルマは咲かない

美しく咲き乱れるラヌンクルス・アクリスの群落。
後ろの山はアイガー（右）とメンヒ（左）

キジムシロ　花びらの付け根にあるオレンジの差色が特徴なのだが、個体差があり、ないものもある。葉がイチゴの葉によく似ているので他の黄色い花と見分けるポイントになる。和名のキジムシロは放射状に広がる茎葉を「雉が座る莚」に見立てたことから

[Potentilla aurea]
ポテンティラ・アウレア
バラ科
花期：6～8月
草丈：5～20cm
標高1400～2600mの牧草地に生育

キンポウゲ　この2種は他の黄色い花に比べて花びらのように見えるガク片に光沢があることが特徴だ。これは英名のButtercup「バターカップ」の由来となっている。陽光が降り注ぐとキラキラと光り美しい。キンポウゲ属は近似種がたくさんあり見分けが難しいのだが、スイスアルプスでの簡単な見分け方は、背丈が40cmくらいまでで茎葉がしっかりしており狭い範囲にまとまって咲くのがR.montanus。背丈が高くひょろひょろっとしており広範囲に群生して咲くのがR.acrisだ。R.acrisは日本のミヤマキンポウゲの母種でもある

[Ranunculus montanus]
ラヌンクルス・モンタヌス
キンポウゲ科
花期：5～8月
草丈：5～40cm
標高2800mまでの陽当たりのよい牧草地に生育

[Ranunculus acris]
ラヌンクルス・アクリス
キンポウゲ科
花期：5～6月
草丈：30～100cm
標高2500mまでの陽当たりのよい牧草地に生育

蕾から種まで楽しい花

＊オキナグサの仲間

4～7月

右／マッターホルンを背景に、可憐に咲くプルサティラ・ウェルナリス
上／たくさんの水滴をつける雨上がりの表情も見逃せない
下／蕾の頃は重たそうに頭を垂れているが、開花とともに背筋を伸ばす

アルプスには4種類のオキナグサの花が咲く。どの花も蕾はぷっくりしていて、どんな花を咲かせるのだろうと見る者の期待感を膨らませる。全体が白い毛で覆われており、まだ肌寒い初夏の空の下でついつい手をのばして、その花の温かさに包まれたくなってしまう。雨が降るとたくさんの水滴が密生した毛につき、晴れた日はその毛がキラキラと光る。逆光で撮影してもおもしろい。何かとカメラを取り出さずにはいられない花だ。そしてなんともありがたいことに、花が散ってもなお、我々の目を楽しませてくれる。花の後は花柱が伸び、羽毛状のそう果の集まりとなる。その様子を白髪の老人に見立てたことから、和名では翁（オキナ）草と呼ばれる。

[Pulsatilla alpina]
プルサティラ・アルピナ
キンポウゲ科
花期：5～7月
草丈：20～50cm
標高2700mまでの牧草地に生育
この4種の中では一番背が高い

[Pulsatilla apiifolia]
プルサティラ・アピイフォリア
キンポウゲ科
花期：5～7月
草丈：10～40cm
標高2700mまでの牧草地に生育
色は薄黄色だが白色に近いものもある

[Pulsatilla vernalis]
プルサティラ・ウェルナリス
キンポウゲ科
花期：4～7月
草丈：5～15cm
標高3600mまでの湿った牧草地に生育
花弁のように見えるガク片の内側は白色

[Pulsatilla halleri]
プルサティラ・ハレリ
キンポウゲ科
花期：5～7月
草丈：5～30cm
標高3000mまでの牧草地やガレ場に生育
ツェルマットでしか見られない

よく似た白い花たち

＊キンポウゲ属とハクサンイチゲ

[Ranunculus alpestris]
ラヌンクルス・アルペストリス
キンポウゲ科
花期：5～7月　草丈：15cm以下
和名：イワキンポウゲ
標高1300～3000mの岩場やガレ場に生育

[Ranunculus glacialis]
ラヌンクルス・グラキアリス
キンポウゲ科
花期：6～8月
草丈：20cm以下
標高2300～4200mの岩場やガレ場に生育

この2種はよく似ており、背丈が同じくらいで岩場に咲くが、生育する標高と時期がややずれる。R.glacialisはおしべが長く、茎とガクが赤みを帯びるのが特徴

5～8月

46ページのリュウキンカと入れ替わるように、周りに白い花が咲きだしたかと思うと、あっという間に勢力拡大、一面を覆い尽くすほどとなり、点在するかわいらしい家とそれを囲むように咲き乱れる花々、絵に描いたようなスイスの風景がそこにできあがる。この白い大群落をなしているのはラヌンクルス・アコニティフォリウス(Ranunculus aconitifolius)だ。種小名aconitifolius

ラヌンクルス・アコニティフォリウスが咲く頃から、周りに背丈の高い花が増え始める

[Ranunculus aconitifolius]
ラヌンクルス・アコニティフォリウス
キンポウゲ科
花期：5～7月
草丈：20～60cm
標高2600mまでの牧草地に生育
背が高く一株にたくさんの花をつける。ガクは通常は5枚だが、たまにこのような八重咲きもある

[Ranunculus kuepferi]
ラヌンクルス・キュッペリ
キンポウゲ科
花期：5～7月
草丈：5～20cm
標高1700～2800mの湿った牧草地に生育
キンポウゲの仲間は切れ込みの多い葉が多いが、これは花より高く伸びた線形の葉が特徴

は「トリカブトのような葉」の意、確かによく似た葉で、背丈は20～60センチほどとなり、一つの株にたくさんの花をつけるのが特徴。この時期には花の径が2～3センチで同じくらいの似たような白いキンポウゲが何種類か咲くが、それぞれ背丈や葉など特徴を捉えれば区別がつきやすい。

少し歩くと今度はハクサンイチゲに出会った。この花は高山植物の代表格とも言え、日本では雪解け一番に大群落をなすのが特徴なので、スイスでキンポウゲの白い群落を初めて見た時はてっきりハクサンイチゲかと勘違いしたが、スイスのハクサンイチゲはあまり団体行動がお好きではないらしく、我が道を行くかのようにまばらに咲いている。ところ変われば性格も変わるようだ。どんな花にも言えるのだが、とりわけハクサンイチゲは開花の頃が美しい。蕾の頃はピンク色で、きゅっとしまった蕾の緊張がほどけるにつれ、緑を帯びながら純白へと変化していく。そこへまだ斜度の浅い陽光が降り注ぐときらきらと輝き出す。ちょっと立ち止まって目線を変えるだけで、思わぬ幸せな瞬間に立ち会うことができる。

[Anemone narcissiflora]
アネモネ・ナルキスシフロラ
キンポウゲ科
花期：5～7月
草丈：20～50cm
和名：ハクサンイチゲ
標高1500～2600mの陽当たりのよい牧草地に生育
花の径は5～6cmと大きめで、茎は太く、全体的にしっかりとした印象

コラム

ゼラニウム市を訪ねて ベルン旧市街へ

年に一度の花市

スイスの窓辺を飾る花の代表選手であるゼラニウムの市が首都ベルンで開かれると聞いて、これはぜひスイス中の家が花々で彩られる第一歩を見たいとベルン行きの電車に飛び乗った。

ゼラニウム市は年に一度、4月下旬～5月初旬の間の2日間に渡って行われる、1957年から50年以上続く伝統ある市だ。場所はベルン中央駅から5分ほど歩いたブンデスプラッツ(Bundesplatz　連邦広場)である。日本でいう国会議事堂にあたる連邦議会議事堂のすぐ前にあるこの広場では、普段から火曜と土曜の週2回、野菜、果物、チーズ、焼き菓子、花などのマーケットが定期的に開かれている。また、広場から建物をくぐって川のほうへ出るとベルナーアルプスを一望できる高台があり、夕方になると赤く染まる山々を眺められる絶景スポットになっている。国会が行なわれる物々しい重厚な建物の一歩外は、のんびりとくつろいだり、おしゃべりしたり、買い物したりできる市民の憩いの場だ。

上・下右／店ごとにテントが立ち、自慢のゼラニウムが所狭しと並ぶ
下左／笑顔の素敵なおかあさん。かわいい花のモチーフを作って胸につけてくれた

わくわくしながら到着したブンデスプラッツは、予定より早めに着いたにもかかわらずすでに大勢の人で賑わっており、ベルンやベルン近郊の村から集まった14の花屋さんが並べる花で埋め尽くされていた。ゼラニウムだけかと思ったら、トマトなどの実のなる苗、バジルやローズマリーなどの香草、マーガレット、ペチュニア、キキョウなども会場に花を添えている。ゼラニウムはぱっと見たところ赤、ピンク、白の3種類だけのように感じたが、花の形や大きさ、色もよく見ると白にピンクの斑入りなど様々あり、約34品種もあると聞いて驚いた。スイスでは窓辺の花の手入れが悪いと「あそこの奥さんは……」と近所で囁かれてしまうらしく、みんな花を選ぶ目は真剣そのものだ。2、3株だけ買っていく人、段ボールにぎっしりつめて行く人、量が多い場合や車がない場合は配送サービスを頼む人もいる。また、植え替えサービスも

行っており、家から持参したプランターにその場で植え替える人もいた。植え替えを担当していたのはガーデナーの学校に通う生徒たちで、人がすっぽり3、4人は埋まってしまいそうな土嚢から土を取り出し、手際よく作業が進められていく。会場では他にロックバンドやアルプホルンの演奏が行われたり、民族衣装を着たおかあさんたちがその場で作った小さな花のモチーフを参加者に配ってくれたりと、地元の人だけでなくたまたま訪れた観光客にも楽しめる内容になっている。

ベルンでお花見

この時期のベルンにはもう一つ見どころがある。ブンデスプラッツから約15分ほど、旧市街地を横切りアーレ川を渡る橋を越えたところにあるバラ公園だ。湾曲したアーレ川に囲まれた旧市街地を見下ろせる場所として四季を問わず人気の場所。なんとこの場所では日本のソメイヨシノを見ることができる。これは、戦後間もない日本で酪農の発展に尽力した奈良県の浦田善之氏が、技術と経営を学びに何度もスイスを訪れた後、友好親善の証しとして1975年に寄贈したもの。当時は人の背丈だったソメイヨシノも40年たった今では大木となり、訪れる人の足を留めるベルンの風景の一部となっている。

上／連邦議会議事堂を通り抜けた高台より。アイガー、メンヒ、ユングフラウが一望できる
下／ソメイヨシノ越しに望むベルン市街。大聖堂の修復工事の終わるのが待ち遠しい

窓辺の花の楽しみ

ここで先にも述べた、スイスの花風景で欠かせない「窓辺の花」について。赤やピンクの花でキレイに飾られた窓辺やベランダ、玄関先などはひとつひとつが芸術作品のようで、人様のお家を眺めて散策するだけでも心浮き立つ時間となる。いろんな種類の花が飾られているが圧倒的に多いのは窓飾りの女王と呼ばれるゼラニウム。少々ややこしいのだが、園芸品種の「ゼラニウム」はフウロソウ属（Geranium）ではなく、テンジクアオイ属（Pelargonium）に属している。

ヨーロッパでは古くから魔除け厄除けの習慣で家に花々が飾られているが、ゼラニウムが人気なのは、手入れがしやすく持ちが良いという理由の他に虫除け効果への期待がある。ゼラニウムが放つ香りを蚊やハエが嫌って寄り付かないのだとか。スイスの夏はカラッとした暑さで、炎天下では焼けるように暑くても、日陰や家の中は涼しいくらい。窓を開ければ天然のクーラーが吹き込んでくるのでエアコンいらず。しかも窓辺に飾った美しい花が網戸の代わりとなる。湿度の高い国の住民としては羨ましい限りだ。

街の家々の窓辺や庭もセンスよく花が飾られている

風と露がよく似合う

＊フウロソウ

6～7月

花の写真を撮るのに、その花に似合う天気というのがある。たとえばヒマワリにはさんさんと降り注ぐ太陽と青空がよく似合うが、アジサイだとカンカン照りよりちょっとしっとりしたような日のほうが似合う。淡い紫色の花びらを持つフウロソウは後者だ。薄雲で陽光が和らいで、そよそよと風が吹き、花びらに露がついているような日がいい。和名の「風露」は雰囲気に合ったいい名前だといつも思うのだが、名前の由来は「ふうろ野」と呼ばれる、周囲を木々で囲まれた草刈り場に生えていたから。ということで、漢字が醸し出す風情とは関係ないようだ。

属名Geraniumはギリシャ語の「geranos（ツル）」が語源で、英名Crane's billはツルの嘴、独名Storchschnabelはコウノトリの嘴の意。これは花が終わった後の実の形に由来している。

[Geranium Sylvaticum]
ゲラニウム・シルワティクム
フウロソウ科
花期：6～7月
草丈：30～60cm
標高1000～2400mの森林や牧草地に生育

横ばいに伸びた枝から小さな葉と美しい花を咲かせる

氷河期の生き残り

＊キョクチチョウノスケソウ

今より平均気温が7〜8℃低く、ユーラシア大陸と日本列島がつながっていた時代。多くの北方の動植物が南へと分布を広げたが、その後の温暖化によって北へ、高山へと追いやられ、様々な環境の変化に耐えながら、今なお現存している氷河期の生き残り代表がチョウノスケソウだ。

日本では北海道や中部の山など限られた場所でしかお目にかかれないまさしく高嶺の花。変わった和名は日本で最初にこの花を採集した須川長之助に由来する。ヨーロッパでは広範囲に分布しておりピレネー、アルプス、カルパティア、アペニン山脈、バルカン半島などの中緯度に位置する山岳地域や、北極圏の国々では海岸線でも見られ、アイスランドの国花でもある。

一見草本のようであるが、背が低いながらもれっきとした木で、枝を這うように横に広げ群落をつくり、秋には紅葉もする。バラ科の花は花びらが5枚であることが多いのだが、チョウノスケソウはそれ以上あり、種小名octopetala「花弁が8枚」はその特徴をそのまま表している。

[Dryas octopetala]
ドリアス・オクトペタラ
バラ科
花期：6〜7月
草丈：2〜10cm
標高1200〜2500mの牧草地や岩場に生育

6〜7月

アルプにたちこめる優しい霞

＊イブキトラノオ

5～8月

長くしなやかな茎の先にはねこじゃらしのような穂状のピンクの花が一つ。その花は視界がピンクに染まるほど咲き広がる。属名Bistortaは「2度捩れる」の意で根茎の形を例えたもの。抗菌・鎮咳・収斂薬などの薬効があり、拳参《けんじん》という生薬の一つでもある。ヨーロッパでは根茎のほかに若い葉をサラダにして食べる。

和名のイブキトラノオのイブキは滋賀県の伊吹山のことで、山麓に信長が薬草園を開かせた話はあまりにも有名。頭に「イブキ」とつく高山植物が多いきっかけとなっている。トラノオは花の形が虎の尾を思わせるところから。

この花の香りは好き嫌いが極端だ。風のない蒸しっとした日には美しさと臭いの狭間で複雑な気持ちでこの群落を横切る人もいれば、くせになる香りと鼻を近づける人もいる。

[Bistorta vulgaris]
ビストルタ・ウルガリス
タデ科
花期：5～7月
草丈：30～80cm
標高2500mまでの湿った牧草地やガレ場に生育

イブキトラノオをずっと小さくしたような白い花でムカゴトラノオという同属の花がある。名前の通りムカゴをつけるのが特徴

[Bistorta vivipara]
ビストルタ・ウィウィパラ
タデ科
花期：6～8月
草丈：5～25cm
標高2300mまでの牧草地や岩地に生育

スイス中で親しまれる花

＊セイヨウキンバイソウ

5～7月

タンポポの次に黄色いじゅうたんを広げるセイヨウキンバイソウは、スイスアルプスで最もポピュラーな花の一つ。丸々としていて、牧草地をコロコロ転がっているかのような姿がかわいらしく、独名Trollblume「丸い花」の他にButterblume「バターの花」など見た目の特徴を捉えたものや、Rigi-roll「リギロール」など土地の名をつけたものなど俗称が多い。それだけスイスのあちこちに咲いて、人々に親しまれている証拠だろう。

通常キンバイソウ属の花は花びらのように見えるガク片をパラボラアンテナのように開くが、10～15枚あるガク片を内側に巻きこむこのような姿は珍しい。英名も丸さを表現しており、Globe flower「球体の花」。和名はこれを直訳して「タマキンバイ」と紹介されることもある。

背は大人の膝丈ほどあり、花は子供の拳ほどの大きさ、探さなくても自然に視界に入ってくる。電車やケーブルカーなどの車窓に流れる景色の中で花を楽しめるのも、この花の魅力の一つだ。

[Trollius europaeus]
トロリウス・エウロパエウス
キンポウゲ科
花期：5～7月
草丈：40～60㎝
標高2800mまでの陽当たりのよい肥沃な牧草地に生育

花が大きく、背も高いので、背景をからめての写真が撮りやすい花だ

高山に生きる

＊マット植物たち

5～8月

こんもりとした苔のような緑の小山は、やがてコケマンテマ（シレネ・アカウリス）の花で覆われる

[Androsace helvetica]
アンドロサケ・ヘルウェティカ
サクラソウ科
花期：5～7月
草丈：1～5cm
標高2000～3500mの岩場に生育

[Saxifraga oppositifolia]
サクシフラガ・オポシティフォリア
ユキノシタ科
花期：6～7月　草丈：1～5cm
和名：ムラサキユキノシタ
標高3800mくらいまでの岩場に生育

[Silene acaulis]
シレネ・アカウリス
ナデシコ科
花期：6～8月　草丈：1～4cm
和名：コケマンテマ
標高1700～2900mまでの岩場、草地に生育
さらに高所にあるものは
[Silene exscapa] シレネ・エクスカパ

[Eritrichium nanum]
エリトリキウム・ナヌム
ムラサキ科
花期：6～8月
草丈：1～6cm
エゾルリムラサキの近縁
標高2500～3200mの岩場に生育

[Androsace alpina]
アンドロサケ・アルピナ
サクラソウ科
花期：7～8月
草丈：1～5cm
標高4000mまでの岩場に生育

マット植物やクッション植物と呼ばれる、地にへばりつくように生育しているこの花たちは、高山に生きる植物を代表するような形をしている。背丈をできるだけ短くし、花や葉に毛をまとったり、きゅっと身を寄せ合って生きることで強風や寒さから身を守り、熱・水分・栄養補給の効率をよくしている。標高が上がるにつれこの傾向は強くなる。

難解なネーミング

＊シオガマの仲間

5～8月

　花の名前の由来を辿っていくと、なるほどと腑に落ちることが多いが、この花ほど難解な名前はない。和名のシオガマだが、浜で美しい塩竈に葉まで美しいとかけたとか。命名者にお会いしてじっくり話を聞いてみたいものだ。属名・英名・独名はすべてシラミの意と知って驚いたが、これはこの属の一種が多く生える場所の家畜にはシラミが多くたかると信じられていたことから。悩ましいが、たまには語源が疑問ばかりというのも悪くない。

[Pedicularis kerneri]
ペディクラリス・ケルネリ
ハマウツボ科※
花期：5～8月
草丈：5～10cm
標高2800mまでの牧草地

[Pedicularis verticillata]
ペディクラリス・
ウェルティキラタ
ハマウツボ科※
花期：6～8月
草丈：5～20cm
和名：タカネシオガマ
標高1500～3100mの牧草地

[Pedicularis oederi]
ペディクラリス・オエデリ
ハマウツボ科※
花期：6～8月　草丈：5～15cm
和名：キバナシオガマ
標高2000mまでの牧草地

[Pedicularis foliosa]
ペディクラリス・フォリオサ
ハマウツボ科※
花期：6～7月
草丈：15～50cm
標高2500mまでの牧草地

[Pedicularis tuberosa]
ペディクラリス・トゥベロサ
ハマウツボ科※
花期：6～8月
草丈：10～20cm
標高1200～2900mまでの
牧草地

※エングラー体系ではゴマノハグサ科

変わった名前もなんのその、
鮮やかなピンクはアルプの緑
と青空にじつによく映える

スイスアルプス三大名花

エンツィアン(右上)とアルペンローゼ(右下)は比較的見つけやすい花だが、エーデルワイス(左上)は時期と場所を見定めなければ見られない

スイスのガイドブックやパンフレットを眺めていると必ずでてくるフレーズが「スイス三大名花」。青いリンドウの「エンツィアン」、アルプスのシャクナゲ「アルペンローゼ」、そしてお馴染み「エーデルワイス」のことを指す。スイス人には「三大○○」という概念はないが、この三つがスイスを代表する花という意識はあるようで、土産物や看板など至るところに登場する。青・赤・白という色合いや花の形もモチーフに使うのによかったのだろう。あちこちに使われるこの三つの花を見て、いつしか日本人が「スイス三大名花」と呼びだしたのではないだろうか。

エンツィアンは5月頃、アルペンローゼは6月頃、エーデルワイスは7月頃と咲きだしの時期がそれぞれ異なるが、エーデルワイスが咲き始める6月下旬～7月初旬ならば1回の旅行でスイス三大名花すべてに出会えるかもしれない。

［スイスアルプス三大名花］

＊エンツィアン

5～8月

[Gentiana acaulis]
ゲンティアナ・アカウリス
リンドウ科
花期：5～8月
草丈：5～10cm
標高1200～2800mまでのやや湿った牧草地に生育

草丈5～10センチに対して、短い茎の先についたトランペット形の花は5～6センチと大きく、なんとも頭でっかちな花だ。周りの草丈が伸びてきたりすると花だけがゴロンと転がっているように見えてかわいらしい。種小名acaulisは「茎をもたない」の意で、茎が非常に短いことから。和名のチャボリンドウもこれに由来する。

花冠の内側の黄緑色の筋が特徴的で、同時期に咲くゲンティアナ・クルシイ（Gentiana clusii）やゲンティアナ・アルピナ（Gentiana alpina）と見分けるポイントとなる。この2種は花冠の内側は濃紺色。他にもガクや葉などに違いがあるのだが、並べてよく見てやっと違いがわかる程度だ。

山を歩いていると「この花ゲンティアナでしょ」「え？　こっちの本にはエンチアンって書いてあるよ」なんて会話を時々耳にする。ラテン語がGentiana、英語がGentian、独語がEnzian、和名がリンドウ。日本語には「ティ」「ツィ」といった発音がないので「チ」と表すことがよくある。ゲンティアナ、ゲンチアナ、ジェンシャン、エンツィアン、エンチアン、どれも正解だ。

[Gentiana clusii]
ゲンティアナ・クルシイ

［スイスアルプス三大名花］

＊アルペンローゼ

6〜7月

[Rhododendron ferrugineum]
ロードデンドロン・フェルギネウム
ツツジ科
花期：6〜7月
草丈：1m以下
標高3200mまでの森林や牧草地の斜面に生育

「アルペンローゼ」という名前から想像する花の姿はどんなものだろう？　きっとバラのような花を思い浮かべる人が多いのではないだろうか。私自身実物を目にする前にスイスで買った図鑑の表紙がバラ科の花で、しかも英名にAlpine rose（アルパインローズ）と書いてあったので、ひととき思い違いをしていたことがあるが、アルペンローゼはツツジ科の花だ。1メートルあるかないかの低木に赤い花をたくさんつけて斜面を赤く染めるのだが、花の当たり年かどうかというのは、前年の夏の気温、その年の積雪量や暖かくなるタイミングなどが関係する。「今年は蕾がたくさんついて調子よさそうだ」なんて鼻息を荒くしていても、突然の気温低下で枯れてしまって、今年はいつ咲いたかなどと思っているうちに夏が終わってしまうこともある。どの花にもよく咲く年とそうでない年があるが、アルペンローゼは注目度が高く目立つ花なので、その差がより一層激しい気がする。

属名Rhododendronはrhodon「バラ」＋dendron「樹木」が由来で「バラ色の花を咲かせる木」の意。アルペンローゼもRoseという色の名前からきているのだろう。種小名ferrugineumは「錆びた色」で、濃い緑の葉を裏返してみると確かに赤茶色の錆びたような色をしている。

[Rosa pendulina]
ロサ・ペンドゥリナ
バラ科
花期：6〜8月
草丈：50cm〜2m
英名：Alpine rose
標高2600mまでの森林や陽当たりのよい場所に生育

［スイスアルプス三大名花］

✽エーデルワイス

7～9月

スイスの国花エーデルワイス。スイスに行けばどこででも見られると思ってしまうが、高い薬効ゆえ多量に採取され自生種は激減。まさしく高嶺の花となった。その分見つけた時の感動はひとしお。人目を避け天に向かって凛と咲く姿は独名Edelweiss「高貴な白」の名にふさわしい。近年では、薬の他に化粧品にも有機栽培されたエーデルワイスの花のエキスが使われる。強い抗酸化作用、メラニン生成抑制など、日本の化粧品にもエイジングケアに有用な成分として使われている。

エーデルワイスに出会えるのはアルプスの南側。ツェルマットやサン・モリッツ周辺の標高の高い所。グリンデルワルト周辺でも、険しい道を登れば数は少ないが出会える。時期は7月中旬から8月上旬にかけてだ。

日本にもエーデルワイスの仲間が咲いていると驚く人が少なくない。和名はウスユキソウ。花びらのように見える部分は、苞葉と呼ばれる葉が変形した部分で、高山植物らしく白いセーターをまとって、真ん中の花を守っている。それが薄く雪が積もったように見えることから薄雪草と呼ばれる。

[Leontopodium alpinum]
レオントポディウム・
アルピヌム
キク科
花期：7～9月
草丈：3～20㎝
標高1800～3300mの砂礫地や岩場、草地に生育

✽いろいろなエーデルワイス

[Leontopodium discolor]
レブンウスユキソウ
北海道礼文島にて

[Leontopodium monocephalum]
ヒマラヤ街道5000m付近の
エーデルワイス
ネパールにて

[Leontopodium jacotianum]
ヒマラヤ街道3500m付近の
エーデルワイス
ネパールにて

[Leucogenes grandiceps]
サウスアイランドエーデルワイス
ニュージーランド南島にて
エーデルワイスと名が付きよく似ているが違う品種

牛の好物

＊マメ科の植物たち

5～9月

はじめてスイスのお花畑を歩いた時、さすが酪農の国だと思い、ありのままの自然の中を歩いていると言うよりは、牛さんたちのお宅へお邪魔させて頂いている、そう実感した。マメ科の植物が異常なほど多いのだ。ざざっと歩いただけで20種以上はあり、どれどれと図鑑をめくるとあまりの量にすぐに閉じたくなるほど。

　栄養価の高いマメ科は応用範囲の広いイネ科と共に牧草地には欠かせない植物。日本でも馴染みの顔からそうでないものまで本当に様々あり、日本では局所的にしかみられない珍しいものもスイスには多くある。そんな花々も、いずれは牛の餌になる運命だと思うと複雑だ。

[Trifolium pratense]　トリフォリウム・プラテンセ
マメ科
花期：5～7月
草丈：15～40cm
標高1600～2800mの牧草地に生育。
お馴染みのアカツメクサ。日本へは明治初期に北海道を中心に栄養価の高い牧草として導入されたものが野生化し帰化している。和名のツメクサはオランダから輸入するガラス製品に緩衝材として詰められていたことから詰める草、ツメクサと呼ばれる。四葉のクローバーを探したり、花飾りを作ったりと、楽しみの多い花だ。ヨーロッパでは乾燥させて茶にしたり、生のままサラダに入れて頂く

アンティリス・ウルネラリアの群生。雪崩やがけ崩れ跡などの荒地にもいち早く適応するパイオニア植物だ

[Hedysarum hedysaroides]
ヘディサルム・ヘディサロイデス
マメ科
花期：7～8月
草丈：10～50cm
和名：カラフトゲンゲ
標高1600～2800mの牧草地に生育。
日本では北海道の大雪山、日高山脈、礼文島などでしか見ることができない希少種

[Hippocrepis comosa]
ヒポクレピス・コモサ
マメ科
花期：5～6月
草丈：10～25cm
花の形から英・独名は馬蹄ツメクサの名がつけられている

[Lotus alpinus]
ロトゥス・アルピヌス
マメ科
花期：5～7月
草丈：5～15cm
ミヤコグサの仲間
標高2000～3100mの牧草地に生育。
咲き始めは黄色で花期が進むにつれ写真のようにオレンジ色に変わる

[Oxytropis campestris]
オクシトロピス・カムペストリス
マメ科
花期：7～8月
草丈：5～15cm
和名：リシリゲンゲ
標高3000mまでの牧草地や乾いた場所に生育。
日本では北海道の大雪山、夕張山系、利尻山でみられる絶滅危惧種

[Trifolium alpinum]
トリフォリウム・アルピヌム
マメ科
花期：6～8月
草丈：5～20cm
標高1700～2500mの牧草地に生育。
クローバーの仲間にしては珍しく葉がかなり細いのが特徴

[Anthyllis vulneraria]
アンティリス・ウルネラリア
マメ科
花期：5～9月
草丈：15～60cm
標高3000mまでの牧草地に生育。
独名「傷ツメクサ」。昔、民間療法で傷薬に使われたことからその名がある。お茶にもする

✽コラム

アツモリソウを探しに

キプリペディウム・カルケオルス（Cypripedium calceolus）、和名はカラフトアツモリソウ（別名オオキバナアツモリソウ）の名で知られるラン科の花は、ヨーロッパ〜シベリア〜サハリン〜北米に広く分布している。日本国内では北海道の道東と礼文島のみで確認されているのだが、それらが実はヨーロッパから持ち帰った種をまいた移入種ではないかという説で物議を醸した花だ。結局のところ、道東の方は別物ということでキタミアツモリソウという名がつけられたが、礼文島の方は自生種なのか移入種なのか未だ決着はついていないようだ。そんないきさつを新聞や雑誌で読んでいたので、スイスの花図鑑でこの花の写真を目にしてから、咲くという噂を聞きつけては出かけるようになった。そのうちの一つの土地がカンデルシュテークだ。

カンデルシュテークはベルンとツェルマットのちょうど中間のところにある静かな村。エメラルド色の水を湛えるエッシネン湖Oeschinenseeが美しく、湖面から垂直にきりたつブリュムリスアルプの姿はずっと眺めていても飽きることがない。とりあえずアツモリソウの咲きそうな半日陰の森をひととおり探したのだが、そう簡単にみつかるはずもなく、ひと呼吸置きにエッシネン湖へやってきたのだ。一息つき、この辺りで足元の花を見ながら歩いている人に声をかけることにした。

「アツモリソウFrauenschuhがこの辺に咲くって聞いたんだけど」と何人かに聞いてみるとすぐにガシュテルン谷Gasterntalという場所に咲くということがわかった。しかし、あとに「でも……」が続くのだ。どうやら前年に川が氾濫したらしく今年は難しいだろうと皆一様に付け足した。場所がわかった喜びと花はないだろうという落胆でしばらく複雑な気持ちでいると、その一部始終を見ていたご夫婦が声をかけてくれた。「確かに去年の雨はひどかったけど、花は今見頃だよ。昨日見てきた

[Cypripedium calceolus]
キプリペディウム・カルケオルス
ラン科
花期：5〜7月
草丈：15〜50cm
標高2000mまでの半日陰の森、
やや湿った場所に生育

んだ。君はラッキーだね」

　飛び上がって喜んだのは言うまでもなく、何度もお礼を言ってガシュテルン谷へと向かうべく観光案内所へ。ふと目に入った「Gasterntal」と書かれたパンフレットを手に取ると、アツモリソウの写真に加え地図まで載っている。いつもなかなか見つけられない花が向こうからやって来てくれるようで興奮する。

出会いに感謝

　翌朝カンデルシュテーク駅前から10人乗りほどのミニバスに乗る。ミニバスである理由は駅を出発してまもなく納得することになる。ガシュテルン谷の開けた側はまた別の山がせりだして蓋をしたような恰好をしている。そのため蓋をしている山の岩壁にくり貫かれた車一台分の高さの凹部分が谷へのアプローチとなっているのだ。今にも車のどこかがガリガリと音をたてるのではないかと乗客はみな冷や冷やしているのだが、運転手は顔色ひとつ変えずに慣れた手

右／岩をくり抜いた道をすいすい通り抜けて谷の奥へ奥へと向かう。トレッカーも多い
左／アツモリスポットは実は人面岩の名所だった

つきですいすいと細い道をすり抜けて行く。これもガシュテルン谷の見どころの一つのようだ。トンネルを抜けるとミニバスは轟々と流れる川の横を走る。しばらくすると空が広くなり風景も変わった。川の両脇には木が生えているのだが白い地肌も目立ち、舗装されていない道のせいか砂埃が舞い荒涼とした風景だ。スイスの他の地域の谷に比べて氷河が後退してまだ歳月が浅い、そんな印象を受けた。

　特に何があるというわけではない道の途中でバスは急に停まった。運転手に「アツモリソウはここだよ」と言われバスを降り、漠然とした不安を抱えて示された方向へ歩いていった。するとどうだろう、足元にはようこそと言わんばかりにアツモリソウが歓迎してくれているではないか。さらに歩みを進めるとそこはまさにアツモリソウ群生地！　誰かが植えたのではないかと思うくらい大きな株のアツモリソウが鈴なりに咲いている。アツモリソウは陽当たりのよい場所より半日陰のほうが大きくよく育つ。ここは生きていくのに絶好の場所なのだろう。夢中で写真を撮りながら、ここに来ることができた出会いに感謝した。旅行者とはいつも身勝手で調子がいいものだ。

　やっとファインダーから目を離しまわりを見る余裕ができると、花を楽しむ人のほかに双眼鏡を覗く人が多いことに気付いた。ここは花よりこちらのほうが有名だそうで、貸してもらった双眼鏡の先に見えたのは緑に囲まれた人の顔をした岩だ。随分と顔色の悪そうな人面岩にはぞっとした。

　アツモリソウと人面岩と会話をひとしきり楽しんで、復路は歩いて帰ることにした。行きのバスでは見る余裕がなかった風景と見つけられなかった道沿いに咲くアツモリソウを存分に堪能しながら、あっと言う間に谷に別れを告げた。

つぶして遊んで

＊シラタマソウとアケボノセンノウ

4～9月

[Silene vulgaris]　シレネ・ウルガリス
ナデシコ科
花期：6～9月
草丈：30～50㎝
和名：シラタマソウ
標高3100mまでの牧草地に生育

[Silene dioica]
シレネ・ディオイカ
ナデシコ科
花期：4～9月
草丈：30～90㎝
和名：アケボノセンノウ
標高400～2200mの牧草地やガレ場に生育

　スイスアルプスをハイキングしていて、標高の低いところから高いところまで本当によく見る花の一つがシラタマソウだ。ごもっともと深く納得させる種小名vulgarisは「普通の、ありふれた」の意。花の後ろにあるガク筒がぷっくりと風船のように膨らんでいるのが特徴で、この花の魅力でもある。花が終わり、風船の口の部分がすぼんできた頃、これを手にとって勢いよくつぶすとパチンといい音がする。どうやらこれは親が子に教える野遊びのようで、ハイキング途中で出会った子供たちに教えてもらった。

　色は白の他にピンクのアケボノセンノウもみられるが、シラタマソウほどガク筒は膨らんでおらず細めで、つぶして遊ぶのは専らシラタマソウの方らしい。どちらも日本で見られるが明治時代に観賞用としてヨーロッパから持ち込まれ、そのまま野生化した帰化植物である。

偶然の出会い

＊キタダケソウ

5〜7月

　標高3103メートルのロートホルンの展望台からツェルマットまで歩いて下りていた時、荒涼とした3000メートル付近で、ふと見ることができた。

　キタダケソウ属の花は日本国内では絶滅寸前で、自生が確認されているのは北岳のキタダケソウ、北海道アポイ岳のヒダカソウ、北海道崕山のキリギシソウの3種だけ。いつか見てみたいと本を眺めながら思っていたが、スイスで出会えるとは思ってもみなかった。

[Callianthemum coriandrifolium]
カリアンテムム・コリアンドリフォリウム
キンポウゲ科
花期：5〜7月
草丈：5〜20cm
ツェルマットの標高1800〜3000mの草地やガレ場に生育

疲れを癒す薬草ケア

＊アルニカ

6〜8月

[Arnica montana]　アルニカ・モンタナ
キク科
花期：6〜8月　草丈：20〜60cm
標高2800mまでの草地や、陽当たりの良い森林に生育。
毒性があるため内服は不可

　一見どこにでもありそうなキク科の花だが、日本では限られた高山にしかないウサギギクの仲間。葉がウサギの耳のような形をしている。ヨーロッパで知らない人はいないというくらい大切で生活に密着した花で、「転び傷の万能薬」として古くから打ち身や捻挫、腫れ、痛みなどあらゆる怪我に有用な応急用の薬草として親しまれてきた。昔の登山家たちはこの葉を採んで湿布代わりにしたり、筋疲労を鎮めるのに葉を噛んだのだとか。

　現在では痛み止めの軟膏や湿布などに使われているほか、マッサージオイルとして人気。血行促進作用があることから、こりやむくみの解消など女性に嬉しい効果もあるようだ。

森の花の楽しみ

＊イチヤクソウの仲間など

3～8月

スイスに来たならやはり勇壮な山々をバックに咲く花々をみたいもので、そうなるとどうしても風景とセットで画になる花々ばかりに目を奪われるのは必然だ。しかし残念ながら山ばかりのこの国ではいつも山が顔を出してくれるとは限らない。雨の日だって霧の日だってある。そんな日は森歩きはいかがだろう？　たとえば電車やロープウェイの一駅手前で降りて歩いてみると、そこには森の小さな住人たちがひっそりと暮らす世界が広がっている。目を花チャンネルに合わせアンテナを張って歩いていると、雨の日も捨てたもんじゃないなと思える、美しい世界に出会えることだろう。

[Moneses uniflora]
モネセス・ウニフロラ
ツツジ科※
花期：6～8月
草丈：10～40cm
和名：イチゲイチヤクソウ

[Hepatica nobilis]
ヘパティカ・ノビリス
キンポウゲ科
花期：3～5月
草丈：5～15cm
和名：ミスミソウ

[Pyrola rotundifolia]
ピロラ・
ロトゥンディフォリア
ツツジ科※
花期：6～8月
草丈：10～40cm
イチヤクソウの仲間

[Oxalis acetosella]
オクサリス・アケトセラ
カタバミ科
花期：4～6月
草丈：5～15cm
和名：コミヤマカタバミ

[Pyrola minor]
ピロラ・ミノル
ツツジ科※
花期：6～8月
草丈：10～30cm
イチヤクソウの仲間

※エングラー体系ではイチヤクソウ科

花が散った後も、雨の日だけ
見られる“雫の花”を咲かせる

夏の終わりを告げる鐘

＊ホタルブクロ属の仲間

6～8月

アルプスの秋の訪れは早く、8月ともなると時折吹き抜ける風に夏の終わりの気配を感じる。標高2000メートル以上に紫色のキキョウがたくさん咲き出したら、花の季節もラストスパートだ。この属の和名はホタルブクロ、フウリンソウ、ツリガネソウと様々だが、英名Bellflower、独名Glockenblumeと、共通してみなこの花を「鐘」と表しているのが興味深い。

[Campanula cenisia] カンパヌラ・ケニシア
キキョウ科
花期：7～8月　草丈：1～5cm
標高2800～3100mの岩場の割れ目や小石の多いところ
岩の割れ目が好きなようで、狭い空間に所狭しと咲く。茎は非常に短い

[Campanula scheuchzeri]
カンパヌラ・ショイヒツェリ
キキョウ科
花期：7～8月　草丈：5～30cm
和名：ヒメイトシャジン
標高3400mまでの陽当たりのよい牧草地やガレ場
葉が線形でひょろっとした印象

[Campanula cochleariifolia]
カンパヌラ・コクレアリィフォリア
キキョウ科
花期：6～8月　草丈：5～15cm
和名：チャボギキョウ
標高3400mまでの岩場やガレ場
種小名cochleariifoliaは「スプーン状の葉」の意

[Campanula barbata]
カンパヌラ・バルバタ
キキョウ科
花期：7～8月
草丈：10～40cm
和名：ミヤマツリガネソウ
標高3000mまでの陽当たりのよい牧草地
種小名barbataは「ひげのある」の意。その名の通り全体に軟毛がある

[Campanula rhomboidalis]
カンパヌラ・ロンボイダリス
キキョウ科
花期：6～8月
草丈：20～60cm
標高1900mまでの陽当たりのよい牧草地
この中では一番早い時期から見られる。標高の低い牧草地にあり、背丈も一番高い

苦さが癖になるお酒

＊リンドウの仲間

6～9月

[Gentiana punctata]　ゲンティアナ・プンクタタ
リンドウ科
花期：6～8月
草丈：30～60cm
標高1400～3000mのやせた牧草地に生育
種小名punctataは「斑点入り」の意で花の内側に赤褐色の斑点がある

[Gentiana lutea]　ゲンティアナ・ルテア
リンドウ科
花期：6～8月
草丈：50～120cm
標高1000～2500mの牧草地に生育

[Gentiana purpurea]　ゲンティアナ・プルプレア
リンドウ科
花期：7～9月
草丈：20～60cm
標高1700～2700mの湿った牧草地に生育
種小名purpureaは「紫色」の意。花は全開せずいつまでも蕾のように見える

ドイツ、スイス、オーストリアで飲まれているお酒シュナップスは、穀物やハーブ、果物から作ったアルコール度数の高い蒸留酒。ある時見かけた瓶に「エンツィアン」とあり、大きな根が入っていた。三大名花のエンツィアン（69頁）を思い浮かべ、「あんな小さい花の根がこんなに大きいなんて」と一瞬驚いたが、もちろん違う。原料の花はゲンティアナ・ルテア（Gentiana lutea）で、スイスで見られるリンドウ属の中では一番背が高い。この根は２０００年も前から強壮剤、解熱剤、胃腸薬、傷薬として用いられ薬効が高い。

気になるリンドウ酒のお味は、実に苦い。だが癖になる。同じくこの根が原料のフランスのリキュール、スーズはピカソも愛した。イタリアの蒸留酒グラッパにもリンドウ入りがある。蒸留酒に使われるリンドウは4種類。スイスで目にするのはG.lutea、G.punctata、G.purpureaの3種。もう1種はドイツのベルヒテスガーテン地方特有のゲンティアナ・パンノニカ（Gentiana Pannonica）だ。

意外に地味？

＊ランの仲間

5～8月

ランというと豪華で美しいイメージがあるが、野生のランは美しいものから実に地味なものまで様々だ。ひとつひとつの花をみると、顔、鳥、蝶、いろんな形に見えてくる。美しく奥深い世界がそこには広がっている。

[Nigritella nigra]
ニグリテラ・ニグラ
ラン科
花期：6～8月　草丈：5～25cm
和名：バニラソウ
標高2800mまでの陽当たりのよい牧草地
その名の通りバニラのような甘い香りのするラン

[Dactylorhiza majalis]
ダクティロリザ・マヤリス
ラン科
花期：5～6月
草丈：15～45cm
ハクサンチドリの仲間
標高2500mまでの湿った牧草地
葉に斑点があるのが特徴

[Coeloglossum viride]
コエログロッスム・ウィリデ
ラン科
花期：5～7月
草丈：5～20cm
アオチドリの近縁種
標高2500mまでの牧草地や樹林下
緑色なので見つけにくい花の1つ。全体が赤褐色を帯びているものもある

[Gymnadenia conopsea]
ギムナデニア・コノプセア
ラン科
花期：5～7月
草丈：20～50cm
和名：テガタチドリ
標高2400mまでの湿った牧草地
葉は細めですっと伸びる。良い香りがする

[Epipactis helleborine]
エピパクティス・ヘレボリネ
ラン科
花期：7～8月
草丈：20～80cm
カキラン属の仲間
標高1800mまでの牧草地や樹林下

[Neottia nidus-avis]
ネオッティア・ニドゥスアウィス
ラン科
花期：6～7月
草丈：20～40cm
サカネランの母種
標高1700mまでの樹林下
葉緑素がないので光合成せず、菌類と共生し栄養素を得る腐生植物

[Platanthera bifolia]
プラタンテラ・ビフォリア
ラン科
花期：5～7月
草丈：20～50cm
エゾチドリの近縁種
標高2300mまでの牧草地や樹林下

[Pseudorchis albida]
プセウドオルキス・アルビダ
ラン科
花期：6～7月
草丈：10～30cm
トンボソウの近縁種
標高2500mまでの牧草地

雑草代表選手の活躍

＊ワタスゲ

4～8月

カヤツリグサ科。この仲間はスイスにも日本にも、山にも海にも家の近所にもたくさん生えているというのに、あまり人々の話題にのぼることもなく、印象の薄い植物だ。それも致し方ない。花がものすごく地味なのだ。キレイな花というのは私たちの目を楽しませてくれると同時に、虫への猛烈なアピールもする。蜜を出し、香りを放ち、キレイな花を咲かせて虫を誘い、受粉を助けてもらう。しかし、カヤツリグサ科やイネ科というのは受粉を風に頼っているため着飾る必要が全くないのだ。

「雑草」とひとくくりにされてしまうカヤツリグサ科に一年に一度、人々の注目を集める時期がある。ワタスゲが種をつける頃だ。薄黄色の花を咲かせた後、タンポポのような綿毛をつけた種をもつ。綿毛の時期は短く、雨に濡れると情けない姿になるのでなかなかタイミングが難しいが、ふわふわの綿毛で埋め尽くされる風景は圧巻だ。

[Eriophorum angustifolium]
エリオフォルム・
アングスティフォリウム
カヤツリグサ科
花期(綿毛の時期)：4～6月
草丈：10～50㎝
標高400～2400mの湿った場所に
生育

[Eriophorum scheuchzeri]
エリオフォルム・ショイヒツェリ
カヤツリグサ科
花期(綿毛の時期)：6～8月
草丈：20～30㎝
標高1900～2600mの湿った場所に
生育

湖や沼の周りに咲き広がるワタスゲ。
晴れの日が続く時が撮影のチャンス

美しき最強有毒植物

＊トリカブト

6～8月

実際の花は見たことがなくても、トリカブトという名は知っている人が多いのではないだろうか。物騒なエピソードとは裏腹に花は美しい。

和名トリカブトは舞楽の時にかぶる「鳥兜」、英名Monks hoodは「修道士の頭巾」、独名Eisenhutは「鉄の帽子」といずれも花を被り物に見立てたところがおもしろい。

トリカブトに含まれる毒成分はアルカロイドのアコニチンで植物界では最強と言われており、口にすれば唇のしびれ、嘔吐、呼吸困難、仕舞いには心停止と死に至らしめる恐ろしい植物だ。古代ヨーロッパではこの毒汁を槍に塗り、敵の侵攻を阻むために井戸や泉に投げ入れた。別名Wolfsbane「オオカミの毒」は狼退治に生肉に毒を混ぜ仕掛けたことから。日本でも動物を仕留めるのに矢先に毒を塗った。

北海道の先住民族アイヌの伝承によると、少量のトリカブトで体重２００キロを超すようなヒグマもイチコロだったとか。そんな恐ろしい作用の一方、漢方・生薬の世界にもトリカブトは登場する。子根を乾燥させた生薬「附子《ぶし》」は神経痛、リュウマチに効くという。猛毒も量次第では薬になり身を助けてくれるのだ。

[Aconitum compactum]
アコニトゥム・コンパクトゥム
キンポウゲ科
花期：6～8月
草丈：50～150㎝
トリカブトの仲間
標高800～2000mの牧草地や森林に生育

[Aconitum vulparia]
アコニトゥム・ウルパリア
キンポウゲ科
花期：6～8月
草丈：1m以上
レイジンソウの仲間
標高2400mまでの牧草地や森林に生育

白い花図鑑

[Cirsium spinosissimum]
キルシウム・スピノシスシムム
キク科
通称バフンアザミ

[Carlina acaulis]
カルリナ・アカウリス
キク科　チャボアザミ
銀色の花弁をもつ

[Achillea nana]
アキレア・ナナ
キク科
ケノコギリソウ

[Leucanthemum halleri]
レウカンテムム・ハレリ
キク科
フランスギクの仲間

[Phyteuma spicatum]
フィテウマ・スピカトゥム
キキョウ科
タマシャジンの仲間

[Galium anisophyllon]
ガリウム・アニソフィロン
アカネ科
ヤエムグラの仲間

[Plantago atrata]
プランタゴ・アトラタ
オオバコ科
オオバコの仲間

[Androsace chamaejasme]
アンドロサケ・カマエヤスメ
サクラソウ科
トチナイソウの近縁種

[Astrantia major]
アストランティア・マヨル
セリ科　日本に自生はないが
園芸で人気がある

[Parnassia palustris]
パルナッシア・パルストリス
ユキノシタ科
ウメバチソウ

[Saxifraga exarata]
サクシフラガ・エクサラタ
ユキノシタ科　日当たりのよい
岩場に生える

[Saxifraga cuneifolia]
サクシフラガ・クネイフォリア
ユキノシタ科　半日陰の森や
岩場に生える

[Thalictrum aquilegiifolium]
タリクトルム・
アクイレギイフォリウム
キンポウゲ科　カラマツソウの
仲間

[Cerastium latifolium]
ケラスティウム・
ラティフォリウム
ナデシコ科　ミミナグサの仲間

[Lloydia serotina]
ロイディア・セロティナ
ユリ科
チシマアマナ

[Paradisea liliastrum]
パラディセア・リリアストルム
ユリ科
マルタゴンリリーと似た時期・
場所に咲く

赤い花図鑑

[Aster alpinus]
アステル・アルピヌス
キク科　赤紫と黄色の
コントラストが美しい花

[Homogyne alpina]
ホモギネ・アルピナ
キク科　小さな花だが頭一つ出
して咲き目立つ

[Erigeron alpinus]
エリゲロン・アルピヌス
キク科
ムカシヨモギの仲間

[Scabiosa lucida]
スカビオサ・ルキダ
マツムシソウ科
マツムシソウの仲間

[Valeriana tripteris]
ワレリアナ・トリプテリス
オミナエシ科
独特の香りを放つ

[Thymus polytrichus]
ティムス・ポリトリクス
シソ科
イブキジャコウソウの近縁

[Malva moschata]
マルワ・モスカタ
アオイ科
ジャコウアオイ

[Arctostaphylos uva-ursi]
アルクトスタフィロス・
ウワーウルシ
ツツジ科

[Erica carnea]
エリカ・カルネア
ツツジ科
木に咲く花。大群落をなす

[Epilobium angustifolium]
エピロビウム・
アングスティフォリウム
アカバナ科　ヤナギランの高山型

[Epilobium montanum]
エピロビウム・モンタヌム
アカバナ科
エゾアカバナ

[Daphne mezereum]
ダフネ・メゼレウム
ジンチョウゲ科
沈丁花の仲間。香りがよい

[Cardamine pratensis]
カルダミネ・プラテンシス
アブラナ科　タンポポの時期に
牧草地に多く咲く

[Dianthus carthusianorum]
ディアントゥス・
カルトゥシアノルム
ナデシコ科

[Silene suecica]
シレネ・スエキカ
ナデシコ科
ミヤマセンノウ

[Lilium martagon]
リリウム・マルタゴン
ユリ科
マルタゴンリリー

青い花図鑑

[Phyteuma orbiculare]
フィテウマ・オルビクラレ
キキョウ科
タマシャジン。通称魔女の爪

[Phyteuma betonicifolium]
フィテウマ・ベトニキフォリウム
キキョウ科
タマシャジンの仲間

[Centaurea montana]
ケンタウレア・モンタナ
キク科
ヤグルマギクの仲間

[Linaria alpina]
リナリア・アルピナ
ゴマノハグサ科
ウンランの仲間

[Veronica fruticans]
ウェロニカ・フルティカンス
ゴマノハグサ科
クワガタソウの仲間

[Euphrasia alpina]
エウフラシア・アルピナ
ゴマノハグサ科
コゴメグサ

[Bartsia alpina]
バルトシア・アルピナ
ゴマノハグサ科
牧草地に多い。日本にはない種

[Prunella vulgaris]
プルネラ・ウルガリス
シソ科
ミヤマウツボグサ

[Ajuga pyramidalis]
アユガ・ピラミダリス
シソ科
キランソウの仲間

[Myosotis alpestris]
ミオソティス・アルペストリス
ムラサキ科
ワスレナグサの仲間

[Echium vulgare]
エキウム・ウルガレ
ムラサキ科
シベナガムラサキ

[Globularia cordifolia]
グロブラリア・コルディフォリア
グロブラリア科
ルリカンザシ

[Comastoma tenella]
コマストマ・テネラ
リンドウ科
サンプクリンドウの仲間

[Gentianella ramosa]
ゲンティアネラ・ラモサ
リンドウ科
茎が枝分かれしてたくさんの花をつける

[Aquilegia alpina]
アクイレギア・アルピナ
キンポウゲ科
オダマキの仲間

[Clematis alpina]
クレマティス・アルピナ
キンポウゲ科
ハンショウヅルの仲間

黄色い花図鑑

[Solidago minuta]
ソリダゴ・ミヌタ
キク科
ミヤマアキノキリンソウの近縁

[Senecio incanus]
セネキオ・インカヌス
キク科
ツェルマットの岩場で見られる

[Doronicum Grandiflorum]
ドロニクム・グランディフロルム
キク科　葉も花も大型で
目につきやすい花

[Crepis aurea]
クレピス・アウレア
キク科

[Hieracium peletierianum]
ヒエラキウム・ペレティエリアヌム
キク科　ヤナギタンポポの仲間
茎葉に毛が密集する

[Artemisia glacialis]
アルテミシア・グラキアリス
キク科
ツェルマットの岩場で見られる

[Bupleurum stellatum]
ブプレウルム・ステラトゥム
セリ科
ホタルサイコの仲間

[Campanula thyrsoides]
カンパヌラ・ティルソイデス
キキョウ科　変わった風貌の
ホタルブクロの仲間

[Rhinanthus glacialis]
リナントゥス・グラキアリス
ゴマノハグサ科
牧草地に大群生する

[Euphorbia cyparissias]
エウフォルビア・キパリッシアス
トウダイグサ科　有毒植物
かぶれをひきおこす

[Saxifraga aizoides]
サクシフラガ・アイゾイデス
ユキノシタ科
多肉植物のような葉が特徴

[Erysimum rhaeticum]
エリシムム・ラエティクム
アブラナ科
エゾスズシロの仲間

[Huguenina tanacetifolia]
フグエニニア・
タナケティフォリア
アブラナ科

[Papaver aurantiacum]
パパベル・アウランティアクム
ケシ科　ヒナゲシの仲間
サン・モリッツ周辺で見られる

[Hypericum maculatum]
ヒペリクム・マクラトゥム
オトギリソウ科
オトギリソウの仲間

[Gagea fistulosa]
ガゲア・フィストゥロサ
ユリ科
キバナノアマナの近縁

チーズ作りは牛と一緒に山を上がって

右上／広範囲にはられた電柵内に放牧する。放牧は草の生育に応じて範囲を変えながら計画的に行われている　右中／登山電車の車窓やハイキング中によく見かける牛小屋の風景　左上／夏の間に作ったチーズはこの高床式の小屋に運ばれ、秋まで保管される。後ろの山はヴェッターホルン　右下・左下／まだ暗い時間に放牧された牛を探しに行く。牛の居場所はある程度決められた範囲内とはいえ、広くて暗い中ではカウベルの音が頼り。牛を小屋に集めた頃にようやく東の空が明るくなってくる

アルプケーゼとは、標高１２００メートル以上の高地の草を食べて育った牛の乳からつくられるチーズだけに与えられた称号だ。牧夫たちは預かった牛たちと共に夏の間１２０日間山に籠り、より新鮮な草のある標高へと2、3度小屋を移動しながら伝統的手法でチーズを作る。

もはやどれをつなげたら星座になるのかわからないほどの星たちが燦然と輝き、山々は不気味なほどに静寂を保っている。遠くではカランコロンとカウベルの音が時々聞こえるだけだ。しかし、まばらだったその音は勇ましい牧夫の掛け声と共に大きな塊となって小屋に近づいてきた。午前4時、搾乳の時間だ。この早朝の牛集め、搾乳、放牧に始まり、牛小屋の掃除、チーズ作り、それらを小屋に運んでのチーズ磨き、そして夕方の再度牛を集めての搾乳、放牧、掃除までが一日の仕事。気づけばもう寝る時間だ。機械が搾乳してくれる以外はすべて手作業、牧夫たちの一日は実にハードなものだ。

搾乳したミルクは絵本に出て

右上／晒ですくった出来立てほやほやのチーズ。型に入れ、水を抜き、おいしいチーズになるまで長い道のりの第一歩だ　左上／鍋いっぱいに集められたミルクは約680リットル。男性二人でやっと動かせる。この量で約4個分のチーズができる　右下／牛小屋で一日寝かせたチーズは専用の小屋に運び込み、夏の間、塩で磨いたり裏返したりしながら保管する　左中／一つ一つ丁寧に愛情を込め、塩分を塗り込んでいく　左下／固形チーズから分離された水分は乳清(ホエー)と呼ばれ、この小屋では豚に飲ませるか捨てるかする。スイスの国民的炭酸飲料リベラ(Rivella)はチーズ作りで出るこの大量の副産物が主原料

きそうな大鍋に入れられる。この鍋は水平可動式で、男手二人でよいしょと火にかけ、32℃まで温めたら凝乳酵素をいれる。するとみるみるうちにプリンのような塊になった。すくいやすいように細かく切ったら、晒ですくい上げ枠にいれていく。上からの重しの圧力と枠の締め上げ、一日6回の裏返し作業で形を作り、水分を抜いていく。チーズは専用の小屋に運ばれ、そこで塩水を塗り込むチーズ磨きが行われる。このひと手間、ふた手間がチーズの味に深みを与える。6月、チーズは毎日毎日増えていき、夏の終わり頃には壁を埋め尽くすほどになる。一つ20キロ前後あるチーズを棚から上げ下ろしすると考えるだけで腰が痛くなりそうだ。

こうして手間暇かけて作られたアルプケーゼは、他のチーズにはないコクと芳醇な香りを放つ。一頭の牛から取れるミルクで出来るチーズは一夏で6個。牛と牧夫に感謝しながら今日もスイスワイン片手においしくその恵を頂く。(※本文中にある数値は小屋の規模によって前後する)

晴れやかな9月のチーズ祭

放牧が終わる頃、秋の風物詩「牧下り」が各地で行われる。120日間の山の生活を終え、牧夫たちが牛を連れて一斉に山を下りてくるのだ。皆、民族衣装を纏い、牛たちは美しい花で飾られる。乳量の一番多かった牛には一番大きな花飾りがつけられ先頭をきる。その表情と歩みは自信に満ち溢れている。そして牧下りとセットで行われるのがチーズ分配祭だ。リレー方式で小屋からチーズを出し、乳量に応じて牛の所有者に分配されていく。この日ばかりは、作業車の荷台が酒場へ様変わり、2、3人寄ればどこからともなくヨーデルが自然発生、皆陽気に飲んで歌って騒いでその夏の労をねぎらうのだ。祭が終わる頃になると、あぁ夏が終わる、と少しさみしい。まっすぐ歩けない人だらけだが、今日は寛大な気持ちでいられる。冬の間はというと牛は麓の小屋の中で育てられていることが多く、そのミルクは工場に出荷され加工される。長い冬を越えまたアルプで会う日まで。

上から／花飾りを付けた牛たちが続々と山から下りてくる。ひと夏の大仕事を終えて、皆晴れやかな表情だ。夏の間保管していた小屋からチーズを出し、牛の所有者に分配する。その後、所有者のもとで熟成が重ねられる。「今年の出来は最高だ。ワインのいいあてになるぞ」。そんな会話が聞こえてきそうだ

秋は牛の行進に出会える

右／角がなく長い白い毛のアッペンツェル独特のヤギを連れた子どもたちが先頭を行く。牧童は左肩に桶を担ぐ　左3点／花で飾った黒い帽子、赤いチョッキに黄色い皮の半ズボンの晴れ着を着た牧童たちとともに、牧下りの列がアッペンツェルの村の中心部に入ってきた。大きな鐘をつけた3頭の雌牛が進むと、鐘の音色に合わせてツォイエリと呼ばれる歌詞のないヨーデルを歌う

村人達がどんどん森のほうへ駆けていく。それを追いかけ進むと、強烈なカウベルの響きが聞こえるやいなや、牛が蹄を踏み込み怒濤のごとく迫ってきた。頭につけた美しい花飾りが揺れ動く。民族衣装を着た牧童が杖を振りかざし、牛たちに進路を示す。観衆からの拍手、牛飼いの掛け声、荒い息遣い、迫力満点だ。次は民族衣装で着飾った家族のメンバーに続き、牧童犬のお出ましだ。今日は長い牧生活の総締め、感謝の日だ。

牧下り（独語アルプアプツーク Alpabzug、仏語デザルプDésalpe）は、アルプスで暮らす人々にとって伝統行事の中で最も重要なものだ。アルプ周辺の牧童たちが動物を連れ一斉に麓に降り、それに家畜所有者とその家族が続く。村ではチーズや肉製品等の屋台がたくさん並び、アルプホルンの演奏や旗投げが行われ、夜まで秋祭が続く。スイス各地で9月から10月初めごろ行われる行事の一つだ。

世界遺産の鉄道途中下車の旅

1 クール〜アルプ・グリュム

右／ランドヴァッサー橋を通過する氷河特急。手前で車内アナウンスがあるので、準備して進行右の窓から石造りの橋脚と先頭車両を入れて写真が写せる　左上／ビアンコ湖Lago Bianco沿いを走るベルニナ線。オスピッツィオ・ベルニナ駅近くで撮影　下／サッサール・マソーネでワインやチーズを保存している石室

ベルギューン駅前にあるアルブラ鉄道博物館。元は軍隊の武器庫だった建物だ。2008年に世界遺産に登録されたアルブラ線がジオラマなどで展示されている。ランドヴァッサー橋の建設の様子なども写真で解説され興味深い

スイスのクールからイタリアのティラノまで、ベルニナ・エクスプレスなら乗り換えなしで行けるが、各駅停車に乗ってのんびり途中下車しながら進む旅なら新しい発見も多い。

古都クールを出発した列車はヒンターラインHinterrhein川（後ライン）に沿って南下し、トゥージスから先は世界遺産のアルブラ線を走る。まず、ティーフェンキャッスルを過ぎ8分ほどで高さ65メートルのランドヴァッサー橋を通過。ベルギューン駅で途中下車し、駅前の２０１２年開館のアルブラ鉄道博物館へ。レーティシュ鉄道の模型やアルブラ線の歴史を細かく鑑賞できる。

この先はアルブラ線の見所でトンネル、石橋、カーブが続き、ループしながら上る。長さ５８６６メートルのアルブラトンネルを抜けるとシュピナスSpinas。オーバーエンガディン地方の明るい景色が広がる。標高１７７５メートルの終点サン・モリッツでティラノ方面行きの電車に乗り換える。ここか

2 アルプ・グリュム〜ティラノ

上右／夏のみ運航するパノラマカー。臨場感たっぷりだが突然の雨の場合はとても大変　右下／キャバリアにある氷河公園。氷河の底面を激しく渦巻く水流によって穴の中にある石がクルクル回り、石も丸くなり、穴もさらに深く丸く削られた現象。穴の中には降りることができる　左上／ベルニナ線のハイライト、ブルージオのループ橋。上から見るとループしている様子がよくわかる　左下／アングルを変えて見たブルージオのループ橋　下中の上／ティラノ駅前　下中の下／ベルニナ線と石室

ら先はベルニナ線で、一番の高所オスピッツィオ・ベルニナ駅（2253メートル）まで上り、終点イタリアのティラノ駅（429メートル）まで下る。

ポントレジーナを過ぎ、荒涼とした草原を進んでベルニナ・ディアヴォレッツァに到着。ここから空中ケーブルで2984メートルの展望台に上がれば白銀のベルニナ山群が望める。オスピッツィオ・ベルニナでは、山の上にあるサッサール・マソーネというレストランがおすすめだ。パリュPalü氷河を眺めながらワインやチーズを楽しめる。

列車はアルプ・グリュムを過ぎると高度差400メートルを一気に下る。最初の駅キャバリアで、氷河公園に立ち寄る。

ポスキアーヴォ湖を過ぎると、ハイライトのブルージオのループ橋だ。緩やかに下る線路はいつしか石橋をくぐりぬけ、360度も回転していることに気づかない。ここを過ぎれば住宅地の中を走り、ティラノに到着だ。

3 ランドヴァッサー橋のビューポイント

世界遺産に登録されたアルブラ線のランドヴァッサー橋はアルプスの自然石を組み合わせた橋脚で、高さ65メートル、長さ136メートルの美しい石橋だ。この橋を通る列車を撮影できるビューポイントを3カ所ご紹介したい。

一つ目はアルブラ線のフィリズール駅で下車、線路沿いに歩き橋を見下ろす位置まで約30分。木製のお立ち台から列車を横から見られる。先頭車両を入れ込んで全体を写すとよい。二つ目は少し戻って線路を渡り森の中を下る。川の先を右に進めば木々の間から高い位置に橋が見える。視界が開けると橋脚は目の前で見上げる高さとなっている。広角域のレンズを使うとその高さを表現できる。そこから少し戻り右手の急な斜面を登ると線路に出る。線路を越え細い道を登れば三つ目のポイント。トンネルから出てくる車両を俯瞰できるので、先頭車両をひきつけ、速いシャッタースピード（500分の1秒以上）で写す。

ランドヴァッサー橋はベルニナ・エクスプレスと氷河特急の両方が通るので、シャッターチャンスも多い。

電車などの乗り物を写す場合、基本的にシャッタースピードは速めの500分の1秒に設定する　右下／車内から撮る場合、橋脚がよく見えるタイミングでシャッターを切ると高度感が出る　上／1つ目のポイント。先頭車両が橋を渡り始めたら写し始める　中／2つ目のポイントから。これ以上橋脚に近づいてしまうと、橋の上を走る列車が見えづらくなる　下／3つ目のポイントから。列車が手前に向かって来るので縦構図で撮ってもよい。暗い場合、ISO感度を3200以上に設定する

4 列車を眺めながら下りのハイキング

右／ティラノから標高差1600m以上を登ってきたベルニナ線。アルプ・グリュム駅前で撮影　左上／アルプ・グリュム駅を見下ろす。ここからティラノに向かって高度がぐんと下がっていく　左中／アルプ・グリュム駅から歩き始めたところ　左下／マウンテンバイクとハイキングの案内が両方掲げられている指導標

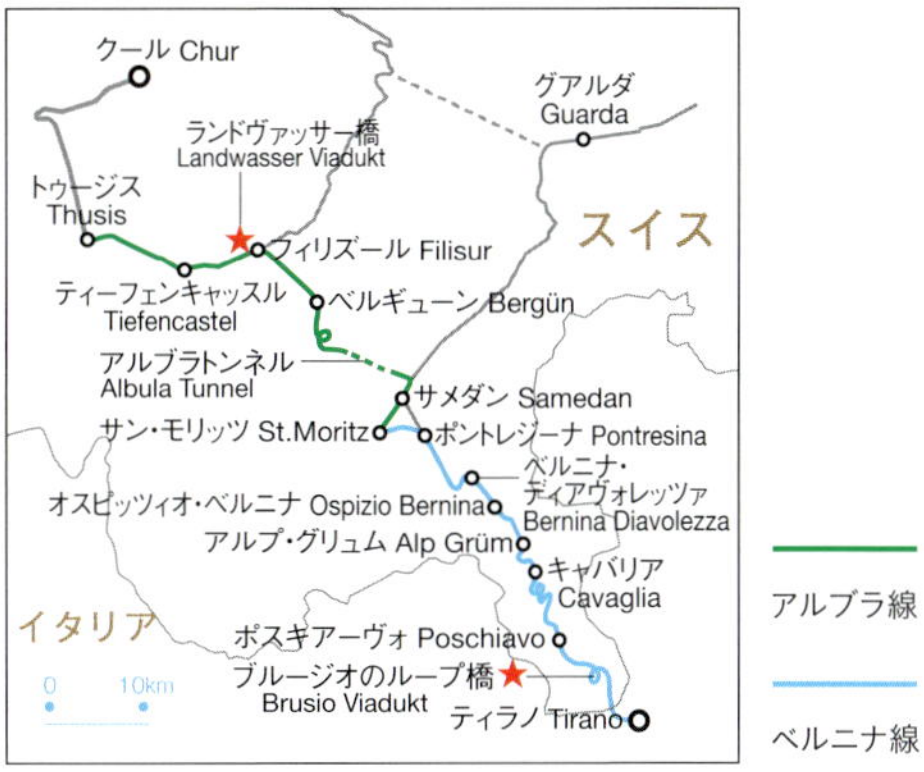

　ベルニナ線アルプ・グリュム駅（2091メートル）はベルニナ谷の南端にある。レーティシュ鉄道は箱根登山鉄道と姉妹鉄道の関係にあり、石造りの駅舎の壁には日本語で「アルプ・グリュム」と書かれている。駅前からはパリュ氷河とパリュ湖、秋ならカラマツの黄葉が織りなす美しい眺望を楽しめる。近くの丘に登れば、半円形を描いて線路を上り下りする列車の姿を見ることもできる。

　一つ下の駅キャバリア（1693メートル）までは標高差400メートルを下るハイキングコースがある。駅舎裏手を通って歩き始めると、途中、トンネルから出てくる列車を近くで見られるポイントもある。時間帯によってはベルニナ・エクスプレスも通る。キャバリア駅前は広い草原で、昔は行き来する馬車をここで交換していたそうだ。

　駅から線路沿いに歩くと、欧州最大のポットホール（甌穴）が見られる氷河公園がある（93頁）。15メートルもの深い穴の中にはしごを使って降りられる。穴は30カ所発見されている。

スイスアルプス猫だより

スイスアルプスの山小屋や山麓に住む猫は、毛並みが良くていい顔をしている。「ちょっと待って」と言わんばかりに、猫から声をかけられる。よく見るとどこかで出会った顔や知っている顔だ。猫から見ると「またこいつ歩いているな」と、自分のことを覚えていてくれるのだろう。猫の目線で対等に向き合うことで、違った世界が広がる。

サン・モリッツよりも標高が200メートルほど低いグアルダ村を、秋が始まるころ訪ねた。この村は童話画家カリジェの代表作『ウルスリのすず』の舞台となったところで、カリジェファンなら一度は訪れてみたいと思う場所。村を歩くと古い家並みが続く。当然このあたりの家にはネズミが多い。家の前にはあちこちに猫がいる。カメラを向けると慣れた素振りでポーズをとる猫もいるし、目線が合っただけで大慌てで逃げる猫もいる。猫が好きな人は一日ゆっくり村を散策すると面白い。お祭の日や週末は観光客が多いので猫は出てこない。

マーモットに餌をやる

スイスアルプスの動物で、撮るのに一番難しいのがマーモット。警戒心が強く巣穴からなかなか出てこないからだ。でもこの場所は別格。望遠レンズで構えていると、顔を出すので簡単に撮影できる

ツェルマットやサース・フェーSaas-Fee周辺でよくマーモットの声だけを聴く。「ピーピー」と甲高い声だ。元来臆病な動物なので、巣穴からあまり外に出てこない。ハイキングコースから外れた場所に巣をつくり、かなり遠くから警戒の声を出す。でも飼い馴らされたマーモットに餌をやれるところがある。サース・フェーからゴンドラで上がったシュピールボーデンSpielbodenだ。駅前のレストランで売っている餌の人参を持って巣穴の前で待つと、顔を出して食べる。最近はお菓子などをやる子供もおり、かなり太ってしまっている。

山全体が栗

10月、ロカルノLocarnoからほど近いヴェルザスカ谷Val Verzascaにハイキングに行き山に入ると、歩くところ見るところすべて栗。多すぎて栗拾いなんてしている人もいないぐらいだ

ティチーノTicino州は栗の産地。栗が南スイスに定着したのは1000年も前のこと。ティチーノの谷に広がり、11～12世紀には植林され、ボート、樽、柵、壁などの材木として使われた。栗の粉はパスタやポレンタ作りの食材となった。大きく甘く剝きやすい栗につけられた名前はマロニ。10月はティチーノ州の栗祭。マロニが主役の楽しい季節だ。スイスの冬は、駅前で焼き栗を売る人の声がする。「ハイセマローニ（熱い栗）！」。誰もが、マロニ一粒でご機嫌になる。

幸せを呼ぶ 1ラッペンコイン

1ラッペンはフランス語圏では1サンチームと呼ぶ。2006年末までスイス通貨として使用されていた銅貨だが、昨今はお土産として、また幸運のお守りとして人気が高い。

昔からスイスではラッペンを大事にしない者は金持ちになれないと言われ、財布の中に1ラッペンコインを入れていた。今日1ラッペン、明日1ラッペン、いつかは大きなお金になる。ちりも積もれば……ということから、幸せを呼ぶコインと言われている。

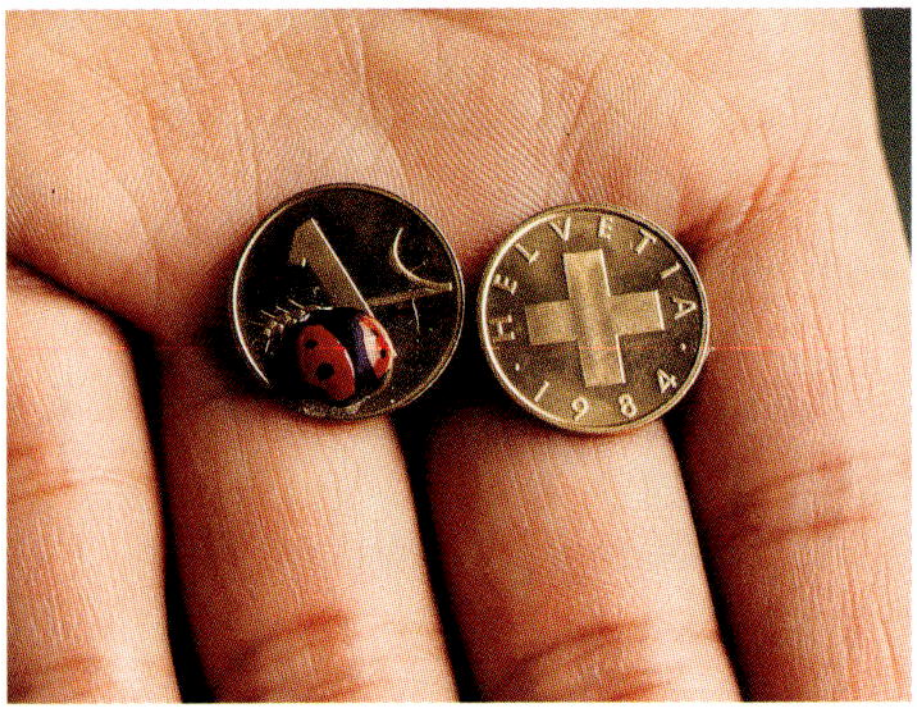

コインの裏側は穂の上に1の数字。表側はスイスの十字と、ラテン語での国名ヘルベティア。ヘルベティアはスイスの母とも呼ばれる象徴的な存在だ

黒い牛には要注意

闘牛エラン種はヨーロッパで最も少ない品種。適応性と順応性が高く、たくましい角をもつ黒い雌牛は500〜600キロある。春から初夏の牧登りの前、牛の群れを統率するリーダーの雌牛を選ぶ行事がローマ時代に導入された。この伝統行事が闘牛の始まり。ヴァリス州の闘牛はフランス語でコンバ・ドゥ・レーヌ、「女王の闘い」という意味。勝利した雌牛は女王として高値までも勝ち取る。夏は山の上に放牧され、赤い服を着ていると付いてくることもあるので要注意。

右／潜在的に凶暴性を持つエラン種の雌の戦い。ケガをするのは稀だ　左／夏の間アルプスで牛の群れを統率する女王は、広くて短い顔の形が特徴

なぜアルプホルンを吹くのでしょう？

ルツェルンの旧市街でフォルクロールショーを見物した時、促されてアルプホルンを吹いてみた。最初は「スー、スー」という音だけしか出ない。力いっぱい吹いても無駄なようだ。プロの奏者が口の動かし方をジェスチャーで教えてくれ、再び吹くと「フォー、フォー」と少し音が出た。アルプホルンは音孔もないので、音を出すのに自分の口でしか調節ができない。草笛を吹くのと同じ要領だ。

古くから牧童は、近くのアルプにいる仲間や谷間の村人たちとの意思疎通にアルプホルンを使ってきた。搾乳の時や山に登る牛たちをアルプホルンで励ましたりもしたという。今は山でも携帯電話が使えるので、昔からの意義は失われたが、観光アトラクション、国のシンボルになった。毎年7月にヴァリス州のリゾート地で行われるナンダ国際アルプホルン・フェスティバルでは、２００人ものアルプホルン奏者が一堂に会して大合奏が行われる。アルプスをバックに一列に並んだアルプホルンは壮観だ。

アルプホルンが一堂に会してのお披露目。場所はユングフラウエリア、メンリッヒェンMännlichenの草原。アルプホルンのいい音が周辺の山々にこだまする　右2点・上2点／ナンダ国際アルプホルン・フェスティバルにて。この大会はヴァリス州の州都シオンからバスで行けるナンダNendaz村で毎年行なわれている。最終日には奏者たちがトラクエ湖Lac de Tracouetの周りに半円形を描くように整列して美しい音色を響かせる。参加者は5歳の子供から大人まで。女性も多い。他に伝統的な旗投げ、スイス相撲なども行われる

雨の日はここがおすすめ

1 グリンデルワルト　バレンベルク野外博物館

ブリエンツ駅前からバスで行ける。スイスパスを見せると無料で入場可。園内には15世紀から最近までの民家や農家が地域ごとに移築され、鶏は放し飼い、薪を燃やす匂いもして、実際にそこで生活しているかのようだ。手作りのハムや燻製チーズのお土産品やパン焼き、刺繍などの実演を見られる。順路はブナの森の中を歩くようにつくられている。

上／ベルン地方平原部オスタームンディゲンOstermundigenにあった1797年築の大きな農家　下／その隣では朝早くからパンを焼く匂いがする。デトリゲンDetligenにあった農家で実演している様子を見ることができる

2 ツェルマット 古木を見る

ゴルナーグラート方面の登山電車に乗り二つ目の駅リッフェルアルプで下車。駅からグリュンゼーGrünseeまでの間がおすすめ。亜高山帯の森林でトウヒやカラマツなどが混成して生育する。根曲がりや様々な姿に見える古木が面白い。7月にはアルペンローゼも咲く。

生育速度が遅く寿命が長いため、樹齢数百年の古木が森を形成。傘を差しながらでも歩ける平坦なコースになっている

3 サン・モリッツ 絵の描かれた家々

エンガディン地方はスイス中で最も平均気温が低い。防寒のため家々は石造、小さな窓に厚い壁。そこにスグラフィット技法で描かれた壁絵が素晴らしい。漆喰を塗り、乾いた後、壁の表面を引っかくようにして下地を見せて模様を描くこの地方特有の民族装飾画だ。

スグラフィット技法で彩られた家々の壁。ベーバーBever、ツオーツZuozなどがおすすめ

夏に人気のハイキングコースへ冬に行ってみた

機械で圧雪された道は、夏より歩きやすい。ただし道から外れると、かなりの積雪があるのでもぐってしまう。天気が良くて風がない日なら、初めて歩く人でも問題がない

ツェルマットエリアで人気のハイキングコースは、逆さマッターホルンを見ることができるリッフェルゼーだ。夏は早朝から夕方まで人の数の多さに驚くが、冬はどうか。

ツェルマットから登山電車でローテンボーデン駅に降り立つと、夏のコースと同じような場所に圧雪された広い道ができている。雪は乾燥しているので登山靴に吸い付く感じで滑らず、道なりに歩く分にはスノーシューやアイゼンも必要ない。このあたりの冬は晴天率が高く、天気が良く暖かな昼間を選べば、それほどの重装備も必要ない。

リッフェルゼーは雪の下だが、マッターホルンと周辺に連なる４０００メートル峰を見ながら、リッフェルベルク駅まで、夏よりむしろ広く快適な道をストックをつきながらゆったりと下れる。スノーハイキングコースは近くを滑るスキーヤーと交錯しないように整備されている。荒天時は係員が巡回し、コースを閉鎖する。冬は足元が雪で平らなので、初心者でも安心して歩くことができる。

夏至の頃の日没時間

スイスアルプスで一番人気の季節が、夏至を挟んだ6月だ。お花畑も満開になり日照時間も長く、行動の範囲も広くなるので得したような気分になる。日が長く、コース料理を食べたあとでも夕焼けの撮影ができる。実際、写真教室の生徒さんを連れてゆくときは、夕食のとき必ずカメラを持参してもらうようにしている。いつもデザート辺りまで来ると、窓の外に見える山が赤くなり始め、その場を後にして撮影に行ってしまうことが多々ある。

スイスアルプスの日照時間は、夏と冬とでは7時間ほど違う。冬に比べると倍ぐらいの時間、撮影（仕事）をしなければ一日が終わらない。天気が良すぎて夜までいい条件になると、星の撮影が始まる。デジタルカメラは夜の撮影が得意なので、初心者でも安心して撮影ができる。夜中まで写すことができたなら、ほんの少し寝て朝の撮影に向かうことになる。夏至の時の日の出の時間は、5時33分で、日没が21時24分だ。

右上／フィーシャーホルンと満月。夏至の頃、グリンデルワルトからの撮影。雪がほのかに赤いのは、日没間もないので残照を受けているから　下左／モンテ・ローザが夕日を浴びている。午後9時ぐらい、ゴルナーグラート展望台から　下右／夏至の頃、夜10時でも空はまだ明るい

スイスの水道水はおいしい

旅の間、飲料水に気を使うのは大切なこと。スイスの水道水は質がとても良く、日本人観光客が訪れるような街の水道水はほとんどが日本の水と同じ、軟水なので、飲料水としておすすめしたい。

　水道水ではなくミネラルウォーターを買って飲む旅行者が多いようだ、という話はよく聞く。しかし銘柄の違いによって、水中のカルシウムとマグネシウムの量の多い硬水と少ない軟水があることをよく知っておいたほうがよい。たとえばボルヴィックは軟水、エビアンやヴィッテルは硬水、コントレックスは超硬水だ。特にお腹の敏感な人は、絶対に日本の軟水に近いミネラル分の少ない軟水を飲もう。スイスでは赤ちゃんも病人も水道水を飲んでいる。

　ところで、お茶やコーヒーを淹れる場合は軟水が合うが、水そのものを飲むときは硬水のほうがおいしく感じる。近年スイスの家庭では、水道水にガスを入れる機械を設置し、夏場には自宅で作った冷たいガス入りの水を飲んでいる。

上／ツェルマットの教会前広場の噴水。地元の老人によるとミネラルが一番豊富だそうだ　中／飲めない噴水にはKein Trinkwasserの表示がある。暑い日は噴水で遊ぶことも　下右／蛇口もよく見ると芸術作品。2段に分かれた噴水は上が人間用、下が犬用　下左／首都ベルンのオールドタウンにあるツェーリンガー噴水。もちろん飲用水

快適な雪上ゴルフを楽しもう

各ホール距離が短いので、ティーショットはアイアンのみ使用可。雪が少ない時は中止

冬のスイスには雪を楽しむイベントがたくさんある。凍ったサン・モリッツ湖の氷上で行われる雪上ポロや雪上競馬は有名だが、このエリアでは雪上ゴルフ大会もある。

フェアウェイにあたる部分はしっかり圧雪され、意外に快適にゴルフが楽しめる。ただし、ボールがラフ、つまりオフピステに飛んでいった場合は大変だ。膝まである雪をかき分けて到着するも、雪を掘り起こしているうちにボールは中に入り込んで出てこない。雪まみれとなったプレイヤーは苦笑いしながらフェアウェイに戻ることになる。

グリーンは固くツルツルで、人もボールもスリップしてしまい、真剣勝負のはずがいつのまにか笑いの渦に包まれる。見物するギャラリーは、高級リゾート地という土地柄、毛皮に身を包んだご婦人からクロスカントリースキーで寄り道したスキーヤーまでいろいろ。雪上で繰り広げられる珍プレーの観戦で盛り上がる。ただコース途中の青空バーでホットワインとパンを売るお姉さんだけが「I'm freezing!」と叫んでいた。

雪の中でも目立つようにカラーボールを使う。穴も大きいのだが、人もボールもツルツル滑るので、なかなか思ったようにはいかない

暮らしと文化

動物

ハイキングに出かけると必ず何かの動物に出会える。一番多いのが牛。色は茶色で角のないものや、闘牛などに使われる黒牛のエラン種、白黒のホルシュタイン種など。山に上がればピーピーと鳴くマーモットが穴の周りでウロウロ。大きな角を持つシュタインボックは岩場に生息する。山麓の羊やヤギなどは、夏の間、山に上がり群れを成して生活する。狐もときどき見かける。人に慣れている動物でも、脅かすと、とても危険だ。

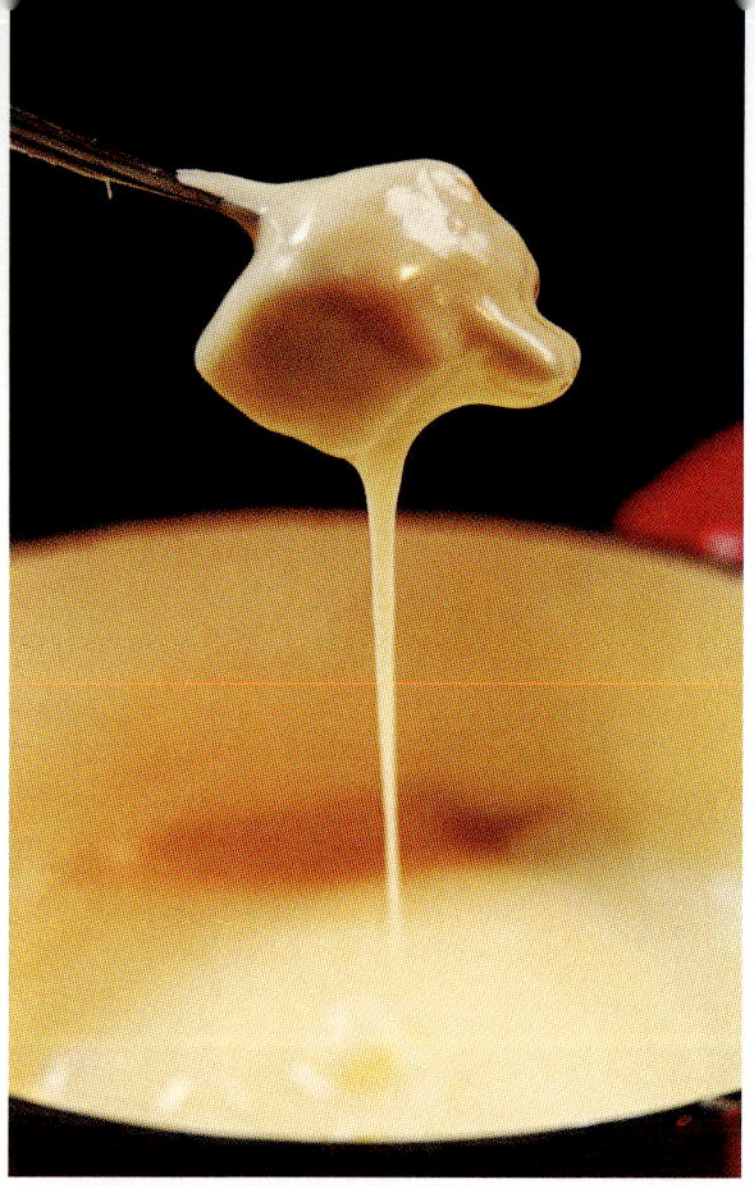

料理

スイスの家庭料理は、ドイツ語圏ではフランスとイタリア料理の影響を受け、フランス語圏ではフランス料理、イタリア語圏ではイタリア料理を主に食べている。フォンデュ、ラクレットの類は火を囲むため冬の料理で、クリスマスに家族が集まってお喋りしながら食べる。昔、スイスでは料理文化はあまり発達しなかったが、お菓子の技と芸術は進化した。ベルギーの有名なチョコレート店、ノイハウス（Neuhaus）のルーツはスイスの菓子職人だ。

暮らしと文化

看板

個性的で印象深い看板は、主にスイス国内のドイツ語を話す地域で見ることができる。町や村全体に個性的な看板が掲げられているところは、ドイツに近いシュタイン・アム・ラインやアッペンツェルだ。またチューリヒやバーゼル、ザンクト・ガレンなど大きな街や都市に行けば、数は少ないけれども面白い看板を見つけることができる。旅の途中、目についたものがあればカメラに収めてコレクションするといい。

暮らしと文化

鉄道

スイスは鉄道王国。日本と並ぶ時間の正確さ、車内の清潔さは世界一と言って間違いない。山が多いため長いトンネルがいくつも完成し、特急列車も高速化され、長距離の移動がとても便利に快適になった。たとえばチューリヒの空港からツェルマットまでは、ひと昔前までは半日かかったが、今は3時間半に短縮され、直行便で空港に着くと、その日のうちにツェルマットに入れるようになった。また、観光を目的とした登山電車やケーブルカーなども、古い車両をそのまま残しつつ新たな形に生まれ変わり、評判を呼んでいる。

暮らしと文化

山岳ホテル

スイスアルプスにハイキングに来たら、山麓ではなく山岳ホテルに泊まってみたい。山の上と言っても山麓とあまり変わらない設備、食事、サービスが受けられる。ホテルの近くまで乗り物が運んでくれるので安心だ。ほとんど四季を通じての営業なので、気に入れば他の季節に訪れてみるのもよい。部屋の窓やテラスから朝晩の素晴らしい光景を望め、満天の星空を堪能することもできる。それなのに料金は食事付で町のホテルの半分ぐらいとは得した気分だ。

ラヴォーのワイナリーへご案内します

上／レマン湖に落ちるようなブドウの段々畑を見渡す
中段右／昭和天皇と皇后の両陛下の訪問を記念したプレート
中段中／今年もいい色に熟したブドウ
中段左／シモンのワイナリーのそばにアトリエを構える切り絵作家の作品。ブドウ畑の中でワイン樽を挟み、グラスを手に自然の恵みに乾杯する人々の姿がデザインされている

世界総生産量のわずか0・4パーセントしか産していないというスイスワイン。そのスイスワイン銘醸の地で、ユネスコの世界遺産でもあるヴォーVaud州ラヴォー地区のブドウ段々畑の只中に立ち、レマン湖を見下ろすと、言葉を失ってしまうほど美しい。そして見渡すばかりの畑の広さに、0・4という数字の持つ意味など、すっかり遠くに飛んで行ってしまう。

このブドウ畑の起源は古代ローマ時代に遡る。さらに中世のキリスト教修道士の指揮を受け、人の手によって大きな石が積み上げられ、今日の姿になったという。まさに人類の歴史的文化遺産だ。レマン湖に向かう南面の急勾配によって、ブドウ畑は、太陽の直射光やレマン湖からの反射光、太陽による地熱を存分に受ける。地元ワイナリーの人々は、自然に対する感謝の念

上右2点／収穫されたブドウとワインを熟成させる樽
上左2点／今最も注目されている若手ワイン造りの筆頭。毎年行われるヴォー州ワイン品質保証組織テラヴァンの最優秀ワイン製造者の栄光にも輝いた。はにかんだようなシャイな表情の奥には、ワイン造りに対する情熱と努力に裏打ちされた自信が垣間見える

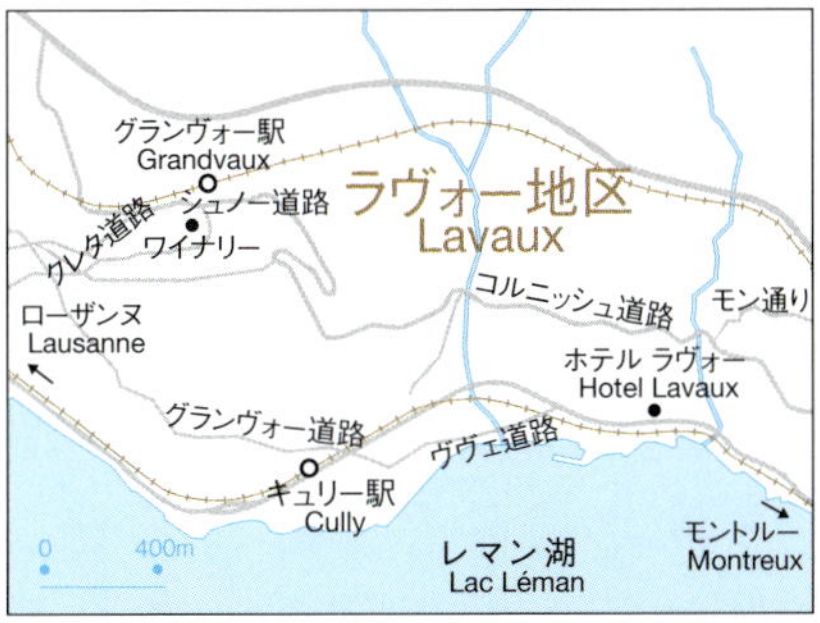

「ホテル ラヴォー」の屋上テラスとレストランでの食事

をいつも口にしている。

祖父の代から段々畑のど真ん中にブドウ畑を持ち、ワイン作りを続けているワイナリー、シモンを訪ねた。畑の石垣には、1971年に昭和天皇と皇后の両陛下がこの地を訪問した際の記念プレートが貼ってある。シモンは「大変に栄誉なこと」と誇らしげに見せてくれた。

ワイナリー近くのおしゃれな「ホテル ラヴォー」は、ブドウ畑に埋没するように建つ。屋上テラスのソファーに座ると、眼下にレマン湖を見下ろしながら、まるでブドウ畑の海の上に浮かんでいる気分。また、地元の人たちからの評価も高いこのホテル内のレストランで、食事をどうぞ。合わせるのはもちろん、スイスワインの代名詞ともいうべきシャスラ品種の白ワイン。おだやかですっきりとした酸味と爽やかな柑橘系の香りは、アルプスの雪解け水で育つスイスワインの味わいそのものだ。

季節ごとの特別な飲み物

上／チューリヒ駅構内のクリスマスマーケット。グリューワインやアップルプンチ（ノンアルコール）、ラムプンチ（アルコール入り）などを立ち飲みできる
右／銅のポットに入れて温められているグリューワイン

スイスにはその季節ならではの飲み物がある。日本ではなかなか味わえないものをいくつかご紹介しよう。

ブドウの収穫時期には「スーザー」が出回る。これはブドウジュースとワインの中間のような発酵状態の飲み物。11月末頃になると「グリューワイン」。各地でクリスマスマーケットが開かれ、シナモンやクローブの匂いが辺りに立ち込めるなか、この香辛料入りの温かい赤ワインをすすって寒さを凌ぐ。アルコールが苦手な向きには「アップルプンチ」がおすすめ。

スキー場や居酒屋には「カフィ・フェルティック」がある。かつてスイス中央部では厳しい肉体労働に耐えるため朝から蒸留酒を飲んだ。これを禁じた役人の目を逃れるため、紅茶のように清んだコーヒーに蒸留酒を入れて飲むようになったのが始まり。ルツェルンのコーヒーという意味で「カフィ・ルッツ」とも呼ばれている。

さて夏場にはビールをレモネードで割った「パナシェ」やリンゴワインの「シュウレ・モシュト」（アルコール入りと無しがある）はいかが。白ワインをガス入りの水で割りレモンスライスを浮かべた「ゲシュプリツター・ワイサー」（ドイツ語圏の夏のみ）も爽やかだ。

＊飲み物の呼称は地方によって、また言語によって変わる。

上／グリューワイン（手前）とアップルプンチ。カップは使い捨てのプラスチック製　下／ビールとレモネードをミックスしたパナシェ。夏のハイキングの途中で喉を潤すのに最適な飲み物

注目のグリンデルワルト・アイガネス

「グリンデルワルト・アイガネス」をご存じだろうか。これはグリンデルワルトの町が誇る文化や食材などのオリジナルブランド名。アイガネス（Eigerness）のEigerはもちろん山のアイガー、nessは性質や状態を表す抽象名詞を作る言葉。アイガーの麓グリンデルワルトならではの名称で、以下のようにウェルネス、食文化、伝統文化、アクティビティー、環境の5部門について発信している。

ウェルネス部門では、アルプスの景観と澄み切った空気の中での森林浴や、地元高山植物を利用した香草湯などを提案、紹介している。

食文化部門では、地元産の材料を駆使した新しい料理を作り、地元で作られたチーズ、ヨーグルト、乾燥肉、ハム、ハーブ、パン等を毎週土曜日に販売する。お土産におすすめだ。

伝統文化部門では、チーズ作りやフォークローレダンス体験などグリンデルワルトの伝統に触れる催しなどを行っている。

アクティビティー部門では、野生動物を探しに出かけたり、月明かりの下でのハイキング等、ユニークな催しを展開。

環境部門では、環境が変化し氷河が後退する中で、いかに生態環境や牧草地を守り、新しいエネルギーを確保していくべきかなどを考えている。

グリンデルワルトを訪れたなら、ぜひ「グリンデルワルト・アイガネス」に理解をいただき、体験、吟味してほしい。

アイガネスオリジナルロゴ。赤のほか青、オレンジ、茶、緑、黄がある

グリンデルワルトの山岳酪農で作られたチーズやソーセージ類。村の中の店でも販売。アイガネスの各色のシールが店に貼られている

グリンデルワルトの牧草地で取れる薬草入り塩なども売られている

シュリッテンで冬を遊ぼう

右／フィルストからバッハアルプゼーにかけてのスノーハイキングコースにて。ここはたまたま下りなので、ソリで滑り下りている　左上／ヘルメットをかぶって滑り下りてくる本格的な人たちはスピードを出すので注意しよう　左中／上りは、ソリにリュックをくくりつけて歩いている　左下／ソリはバスの後ろに載せて目的地まで運んでくれる

「ソリ」（シュリッテン）といえば日本では子供の遊びだが、スイスでは大人も子供も燃える。スイスのソリは大きく立派で、本体は木製やプラスチック製、滑走面が金属製なのでよく滑る。冬、フィルスト周辺で出会ったハイカーは、荷物をくくりつけたソリを引っ張りながらハイキングコースを歩いていた。ソリのコースは車もスキーヤーも入ってこない専用のコースだ。スイスで一番の長距離は9キロで、グリンデルワルトには8キロのコースがある。皆、本当に楽しそうにソリを操る。カーブを曲がり損ねても安心。設置されたスポンジにぶつかるだけだ。子供を抱っこして滑るお父さんや3人乗りの人など見ていたら誰でもやってみたくなる。村のスポーツ店で早速レンタルしトライ。操作はスキーよりも簡単で、曲がりたい方の足を少し雪面に付けるだけ。慣れるとかなりのスピードも出せてエキサイティングだ。冬のスイスに旅したら、ぜひ試してみてほしい。

夏の草刈りの賜物は？

ドイツ語で「Sense」センサと呼ばれる大鎌を使って急な斜面の草を刈る

上／乾燥草を大型トラクターで集める　下／ヴァリス地方など、雨が少ない所では水撒きが欠かせない

グリンデルワルトは、観光と山岳酪農の歯車がぴったり嚙み合った、スイスを代表する景勝地だ。約１５０軒の酪農家があり、彼らの牛だけがアルプに放牧されることを許されている。牧夫たちは６〜９月にかけて、標高１６００〜２３００メートルくらいまで段階ごとにアルプを登る。標高別にある牛小屋では、朝晩２回搾乳されたミルクでチーズが作られる。牛が放牧されている間、麓の酪農家は大忙し。標高１０００〜１５００メートルくらいまで、２〜３回の草刈りをする。草は牛が冬を越すための貴重な餌だ。比較的平らな土地は機械で、急斜面は足を踏ん張って大きい鎌で刈る。３割以上が斜度35度以上の傾斜地で、１ヘクタール当たり１００フランの援助金が出るほど過酷な労働だ。草は刈ると、また草が生え、牛が食み、糞尿が肥やしとなり、花が咲き、美しい景観が生まれる。酪農家の苦労の賜物だ。この景観を求めて世界中の人々が訪れ、グリンデルワルトに魅了され、アルプのチーズやミルクに舌鼓を打つ。

屋根の上の飾りのひみつ

スイスで知り合いが家を建てた。中にいると「ぎゅー」「バキッ」と音がする。木が乾燥して動く音だ。新しい家は生きていると感じた。

　グリンデルワルトの村で建築中の家の屋根に、日本でも見たことがある木の飾りを見つけた。こちらはモミの木で、アウフリヒトゥング（Aufrichtung）と言われるもの。上棟式の前後一週間ほど飾られる。上棟式は施主が工事に関わる人々を招待し、建築の安全と新築の建物の繁栄を願って酒や食事をふるまう。日本と全く同じようだ。

上棟式には職人の他、ご近所、親戚、友人、建築業者の代表が集まり、ワインやシュナップスを飲む。その後、グラスを屋根から投げ落とし、地面で割れればよい兆しとされる

一等車のマークに注意

何のシンボルマークか知っていますか。鉄道の主要幹線の一等車の窓に張られているマークだ。これが付いている車両は、サイレント車両なので、携帯電話、音楽、おしゃべり、泣く赤ん坊もお断り。それ以外の車両では、日本と違い、車内でも携帯電話で話している人が結構いて静かではない場合も多いのだが、サイレント車両に乗車してみると、一転、少しのおしゃべりでも、知らずに携帯電話を使ってしまっても、周りの人たちにすぐに注意されるか、とんでもなく怒られる。一人で旅行する場合や、静かに車窓を楽しみたい人にはお勧めのサービスだ。

サイレント車両は特急列車の1等車のみに設けられている。スイス国内を走る主要幹線の特急列車は2階建てで、その1階の部分に1両、サイレント車両がついている

冬の日の出の時間

上／1月上旬、グリンデルワルトのグルンド付近で朝7時30分頃の様子。朝の通勤、通学時の時間はまだ真っ暗だ　下／少し明るくなった東の空の様子

冬至の頃。「今日はどのくらい太陽があたった？」「うちは南側の斜面だから1時間ほど」「いいわね。北側のグルンドGrundはぜんぜんだめ」。こんな会話が交わされる。周囲を高い山に囲まれているグリンデルワルトの谷では、12月に午後2時頃から1時間ほど、1月は午前10時から1時間ほど日が射す。北側はこの間、太陽が顔を出さないので、気温にしてかなり違い、寒い。冬至の頃は午前7時30分を過ぎないと外は明るくならない。夕方は午後4時を過ぎると、ストンと暗くなる。

眺めのいい場所にベンチがある訳

スイスには、寄付されたベンチがハイキングコースや森の中、散歩道など至るところに設置されている。多くは眺めがよい場所にあり、ベンチの寄付は各地の観光局などが募ったもの。個人は誕生日や結婚記念日などの印として、思い出やお気に入りの場所に。法人は協力している分野か関係のある場所にベンチを寄付している。障害者用のベンチを寄付している財団もある。ベンチには名前と短い文などを入れることができる。

眺めのいい所や、日陰になる所に、さり気なくベンチが置かれている

ベンチには寄贈した人や企業、団体の名前が記されている。彫刻されている場合も

魔女が山から下りてくる

左上／参加者のほとんどが男性。この顔で自宅から電車を乗り継いで来るそうだ　左下／箒に乗ってスタート地点に向かう。参加者は皆スキーが上手だ　右上／遠くからシルエットで魔女を写してみた

上／ベルアルプの集落。奥にホテル・ベルアルプがある　左／チャペルとフスヒョルナー Fusshörner の峰々。この大会ではスノーボードを使うことは禁止されている

さあ今年も魔女がやって来た！　ハイテクスキーウェアを脱ぎ捨て、奇妙な衣装に恐ろしいお面をつけ、箒にまたがって滑降する。アレッチ地方では昔から幽霊や精霊の話が語られてきたが、これはアレッチワルドAletschwaldで焼き殺された魔女を偲び、30年以上前からベルアルプのスキークラブが催すイベントで、約１０００人が参加する。

オーバーワリスOber Wallisのブリークの北、ベルアルプとブラッテンBlattenの斜面で１週間にわたり様々な催し物が繰り広げられる。長さ12キロ、標高差１８００メートルのゲレンデで秒を争う本気のレースあり、リュックサックから魔法の飲み物を取り出し輪になって温まりながらのんびり滑るレースあり、子供と大人の魔女が一緒に滑るミニ・マクシ・レースあり……。ここのレースはスイス３大アマチュア・スキーレースの一つに数えられている。踊り飲み明かした魔女たちは魔法が解ければ郵便バスで下の谷まで下りて行く。

上／雪の中、早朝から郊外の家々を訪問し、昼頃には町に下りてくるクロイゼ　下／家の前で美しいクロイゼがヨーデルを歌い、体をゆすり、鈴と鐘を鳴らして新年を祝う

中世から続く神秘の祭、シルベスタークロイゼ

アッペンツェル地方はスイス北東部ザンクト・ガレンの南、センティス山のふもとに広がる牧歌的な土地。Appenzell という地名はZelle des Abtes（修道院長の小部屋）を意味し、1597年以来、カトリックのアッペンツェル・インナーローデンInnerrhodenとプロテスタントのアッペンツェル・アウサーローデンAusserrhodenの二つの準州に分かれている。現在でも4月の最終日曜日に、住民が家に代々伝わる剣を携えて村の広場に集まり、準州レベルの議題を挙手によって採決するという直接民主制の原型「ランツゲマインデ」が開かれている。

今でも多くの伝統行事が息づいており、アッペンツェル・アウサーローデンで行われるシルベスタークロイゼもその一つ。シルベスターとは大晦日、クロ

右上／鐘を提げた折衷型クロイゼは子どもが多い　右下／博物館では酪農家の生活などをミニチュアで見せている　中／重たい被り物の女クロイゼは13個の鈴を体に巻きつけ、男のクロイゼは重い金を前後に付けている　左／15kgの重さの被り物のモチーフは村人の生活。白い花びらを口に挿んでいるのが特徴

イゼはクラウス（ニコラウス＝サンタクロース）の複数形。法王のグレゴリウス13世が新暦を導入して以来、大晦日（12月31日）と旧暦の大晦日（1月13日）の2日に分けて開催。ニコラウスの格好にカウベルをつけて駆け回るという風習は、異教徒から来たものではなく、中世後期の教会の修道士の慣習に遡ることがわかっている。15世紀になるとカーニバル化したため、教会の敬虔な時節にはそぐわないと目され、降臨節から大晦日に変更された。

　大晦日の朝早くから、独特の衣装に仮面と被り物をつけて仮装をした男達が、5人から10人ほどのグループに分かれ、鈴を響かせながら走ってくる。家の前で円陣を組み、歌詞のない素朴なヨーデル（Zäuerli ツォイエリ）を歌い、終わると体を揺すって鈴で大きな音を鳴らす。これを3回ほど繰り返し、訪ねた家の者からグリューワイン（112頁）を飲ませてもらって祝儀を受け取り、良き年の到来を願って握手をし、駆け去って行く。

　クロイゼには美しいクロイゼ（Schöne シューネ）と醜いクロイゼ（Wüeschte ヴュシュテ）、そして折衷型のクロイゼ（Schö-Wüeschte ショー・ヴュシュテ）または自然のクロイゼと呼ばれる3種類がある。戦争の時代は簡単なおどけクロイゼ（Spassklãuse シュパスクロイゼ）があった。クロイゼの姿は時代と共に変化している。

　ウルネッシュで30年来シルベスタークロイゼに携わる伝統博物館の学芸員ワルター・フリックさんは、「自分の血の中にクロイゼがある」と言う。代々クロイゼを務める家に育ち、子供の頃からシルベスタークロイゼは生活の一部だった。この伝統行事は準備に手間隙がかかる。被り物を作り始めるのは8月中旬。勤務時間を6割に減らして製作にあてるが、それでも年末まで夜なべ仕事。ビーズなどの装飾も一つ一つ根気よく自分で付けていく細かな作業が続く。製作費について尋ねると、憮然として「費用のことなど話したくないが、4桁の数字になる」とのこと。彼らにとってシルベ

右上/動物の牙や角を利用し醜いクロイゼの面を作る。親子代々引き継がれている伝統だ　右下/ウルネッシュの広場。右の建物はツーリストオフィスと伝統博物館　左上/自宅の地下で制作に励むフリックさん　左中/型をつくり、布に縫いつけたビーズを貼ってゆく　左下/人形のお面のような美しいクロイゼとおどけクロイゼ。最近はまたおどけクロイゼがリバイバルしてきた

スタークロイゼは金銭の問題ではなく、神秘的な血に関わるものなのだ。実際、時間と費用がかさむため、被り物は3年から4年使用。前回2012年に製作したので次回は15年に新調するとか。ベルベットの衣装は30年間に3度新調したが、これだけは民族衣装の縫い子に製作を頼むそうだ。

被り物は15~20キロ、鈴のついた掛け衣装は15キロになるものもある。これを着けて雪道を歩いたり飛びまわったりできるのは頑丈な男のみ。現在30のグループがあって、うち20組は大人、10組が子供のグループ。子供のグループには女の子も参加している。

フリックさんは毎年、大晦日の2日前からグループごとに練習を始め、当日の朝4時半に弟の家で仲間と一緒に栄養たっぷりの朝食をとる。さあ、クロイゼの準備は万端だ。これから大晦日の長い一日が始まろうとしている。

参考文献/「季刊民族学」46号(岡部由紀子著「シルベスタークロイゼ」)

祭の後の展望台

ウルネッシュのシルベスタークロイゼを見たら、アッペンツェルの最高峰センティス展望台へ。ウルネッシュからバスでシュベーグアルプSchwägalpまで行き、85人乗りロープウェイで10分、標高2503メートルのセンティス山頂に到着。切り立つ岩壁すれすれに上がるロープウェイからの景色は壮観だ。冬は展望台からベルナー・オーバーラント三山、エンガディンやチロルの山々まで見渡せる。

モミの木の向こうに見えているのがセンティス山。山麓のスノーハイキングコースはよく圧雪されていて、1時間程度で歩ける

センティス展望台からの眺め。切り立った岩場は雪がつくとより一層険しく見える

スノーハイキングのスタイルは？

スイスのスノーハイキングのコースはよく整備され、雪質が良いためアイゼンなどをつけなくてもよい。ハイカーのスタイルを見てみると、スノーブーツにオーバーなどを着込み気軽に歩いている。1月から3月までのスイスアルプスは比較的晴天に恵まれる。日中は天気が良ければ暖かく、使い捨てカイロや手袋などいらない。朝と晩に出かける人はダウンジャケットなどを着込めばよい。現地では手袋や帽子などつけている人は少ないが、日本人は欧米人に比べると体温が低いので、あまり真似をした服装で歩かない方が良い。

服装はあまり気にしない。暖かくて動きやすければいい。よく見ると靴はしっかりしているが、散歩感覚で楽しんでいる

この人は何をやっているのでしょう？

ハイキングコースに道標を立てている、が正解。スイスでは1934年、国民にハイキングを奨励する研究グループが創設され、その後道標は黄色に統一、現在ハイキング道の整備は州や村単位で行われている。ボランティアも大いに活躍、専門家の指導の下、道の整備や森の灌木排除にあたっている。その際、とくに銀行や保険会社など大会社が社員をボランティアに送る場合は、かかる費用を会社が負担している。

オフィスワークから解放され、自然の中、ボランティアで道標整備を行う

この旗が出ていれば安心

日本の国旗は記念日やスポーツのイベントの時に主に掲げられるが、スイスの国旗は普段でもあちこちで見ることができる。写真はある山小屋の前で写したもの。山小屋やレストランの営業は、そこに行かずとも最寄駅や登山口に示されていることがあるが全部ではない。そんな時でも行く手の山小屋にスイス国旗が掲げられていれば営業をしているサイン。遠くからでもよく目立ち、オープンしていてよかったと安心させられたことが何度もある。

これが正式にスイス国旗となったのは1848年。正方形の旗は世界でバチカンとスイスのみ。ジュネーブに本部がある赤十字の紋章は、逆の色の組み合わせ

スイスのクリスマスを上手に過ごす法

右上／バーゼルのフライエ通りの様子　右下／バーゼルのマルティン教会周辺のクリスマスマーケット
左／チューリヒ。星が輝くイメージで飾りつけがされている

冬の長いヨーロッパではクリスマスは一大イベントだ。クリスマス前の約4週間はアドヴェント（降臨節）と呼ばれ、皆がクリスマスを迎える準備をする。この期間、街はイルミネーションで彩られ、クリスマスマーケットが各地で開かれる。

中でも見事なイルミネーションが見られるのは、チューリヒのメインストリートを中心とした一帯で、街全体に星が降るような感じで光が満ちる。ここでは聖歌隊がツリーの形になって歌う「シンギング・クリスマスツリー」も人気だ。

各地で開かれるクリスマスマーケットは、屋台でおもちゃをねだる子どもや温かいグリューワイン（112頁）でほろ酔い気分の大人たちで賑わう。

スイスで最も有名な巡礼地として知られるアインジーデルンのクリスマスマーケットは、駅から修道院付属教会まで続く道にずらっとクリスマスのための店が立ち並び、見ごたえがある。

チューリヒ中央駅構内やバーゼル、ザンクト・ガレン、ルツエルンなどの都市で開かれるクリスマスマーケットは規模も大きく期間も長いが、そのほかの場所で行われるものは、12月上旬の数日間、ということが多いので確認してから行くのがよい。

大聖堂から見た世界遺産ベルンの街並み。塔の上まで階段を登るのは大変だけれど、一見の価値がある

アインジーデルンのクリスマスマーケット。
修道院付属教会前の広場の様子

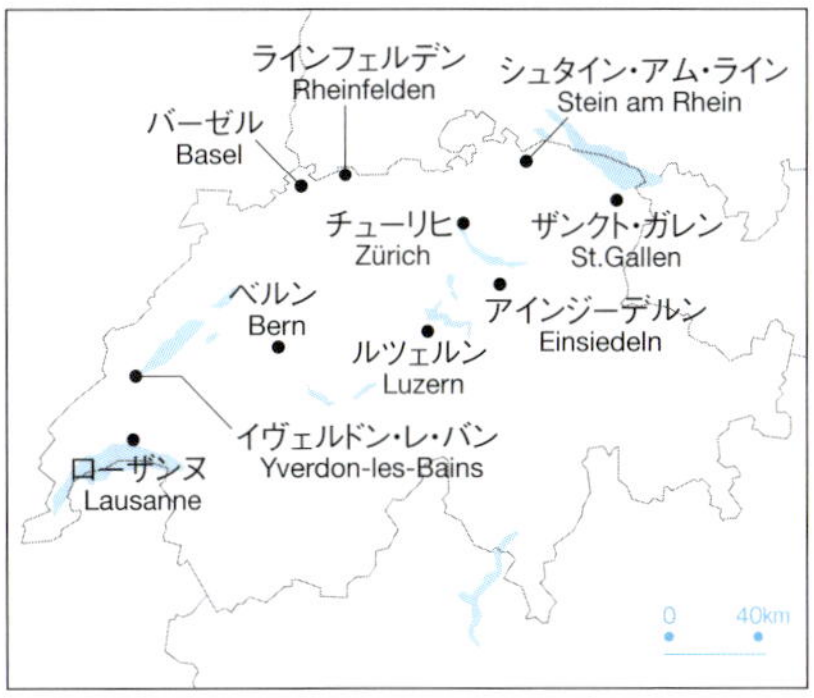

上右／ローザンヌで見かけたホテルのデコレーション　上左／ベルン。サンタが運転する特別車両は乗客で満員だ　下右／カフェでお茶を撮影しても背景にツリーの電飾が入る　下左／イヴェルドン・レ・バンで見かけたアイススケートリンク。アドヴェントの期間だけ行われる様々なイベントも多い

クリスマスリースを楽しむために

クリスマスの約4週間前から、人々の健康と幸せ、豊作を願うとともに、魔よけとして玄関に飾られるリース。近年は円形のリースの他に、紐状で窓枠や壁に飾るガーランド、花を束ねたスワッグなど多種多様な飾りが多くなった。代々受け継がれるオーナメントをつけて家々独自の特色を出す。家庭の思いが込められた玄関のリースは、街の彩りでもある。冬の寒さを忘れさせ、心を温かくしてくれる。リースに込められた思いを読み解くのも、自分で物語を描くのも楽しいものだ。路地裏の個性的なリースを見つけるのも宝探しのようで楽しい。この季節、好奇心をもって歩くことをおすすめしたい。

NATÜRLI

村を歩けば棒に当たる？

左／森の中で行われている薪割。機械で作業するので効率よくたくさんできる。
この薪は乾燥させて2～3年後に使う　右／薪の生活を楽しむ

スイスアルプスの山間部の村を歩けば、必ず家のどこかに薪が積んである。標高が高い所や谷の奥にある家々では、夏でもストーブや厨房で薪を煮炊きに使う。薪で少しずつ暖めた家は過ごしやすい。

グリンデルワルトで山麓をウィンターハイキングしていたら、森の中に車をとめ、大きな丸太の原木を機械で割って大量に薪を作っている人に出会った。薪は乾燥させるため、そのまま森の中にしばらく山積みにして置く。家々ではそれを買ってきて、鉈などを使い、さらに細かく使いやすいように割る。そしてただ積むのではなくて、間に花や植木を入れたり工夫を凝らし、歩く人の目を楽しませる。飾り物をしたところまで使い切りそうになると、また補充して形を保つ。通る人を「おぉッ」と思わせる遊び心いっぱい。山村の集落を歩き、こういうものを見つけるのが楽しい。

ホテルのパンはどこで作られている？

上3点／早朝、パン工場で出来上がったパンを電気自動車に積み込み、朝の4時頃からホテルへ配達に向かう。パン箱に入れられて、ホテルの玄関やロビーに配られてゆく

Bäckerei-Konditorei-
Bistro Fuchs
Getwingstrasse 24
CH-3920 Zermatt
info@fuchs-zermatt.ch
www.fuchs-zermatt.ch
Tel. +41 (0)27 967 20 63
Fax +41 (0)27 967 65 86

マッターホルン型のチョコレート1個3.8スイスフラン。15個入り29スイスフラン、山岳ガイド・パン（400g）11スイスフラン（2015年1月6日現在）、賞味期限は3週間

　ホテルで朝食などに出される焼き立てのパンは、ホテル内で作られているとお思いの方が多いのではないだろうか？　場所によって異なるが、ツェルマットのほとんどのホテルでは、じつは街のパン屋さんから仕入れている。ツェルマットにはパン屋が数軒あり、フックスという店では、地下にあるパン工場で早朝に焼いた新鮮なパンを電気自動車に積み込み、ホテルへ配達している。朝早くにホテルを出ると、箱に入ったパンが無造作にホテルの入口に置かれている光景に出会える。

　また、フックスではマッターホルンの形をしたチョコレートや山岳ガイド・パン（Bergführerbrot）など自家製のものを販売。たくさんのフルーツを入れた山岳ガイド・パンは栄養価も高く、登山やハイキングに最適だ。

ツェルマットの建築には高さ制限がある

スイスを訪れてその町並みの可愛らしさにうっとりとする方も多いだろう。スイスでは州や地方自治体（市町村）ごとに建築物の規制が厳しく、調和のとれた町並みの景観保護に努めている。

ツェルマットの自治体では、細分化されたゾーンごとに建物の高さや面積を定めている。山の集落では高さ8メートル、建築面積528平方メートルまで。街の住宅街では高さ16メートル、建築面積は3848平方メートルまでなど、町の中心と小さい集落とでは数値も異なる。建物の外壁の色については特に定められていないが、建設委員会の役員が現場を見回り、周囲と調和のとれていない色彩の場合は、変更を指示することができる。

離れたところから家々を見下ろすと、外観に統一性があり、高層ビルなどがなく山岳地域の村の雰囲気を保っている

朝夕の行進を見逃すな！

勝手気ままに動くヤギは、先導する町の子どもたちの言うことを聞かない。下の放牧地で餌を食べてきたというのに、まだ食べる

夏の間、朝夕の2回、ツェルマットのメインストリートを「ヴァリスの黒首ヤギ」が行進する。その名のとおり首の部分が黒いヴァリス州原産のヤギ20〜30頭が列をなし、先頭と後方に小学生が一緒に歩いている。地元の子どもたちの夏休みのアルバイトだ。

ヤギたちはマッターフィスパMatter Vispa川の上流の小屋に夏の間預けられていて、毎朝ツェルマットのメインストリートを通り、下の牧草地まで草を食べに行く。

観光客には大人気の夏の風物詩なのだが、ヤギはなんでも食べてしまうので結構大変。沿道のホテルなどでは、きれいな花を食べられてしまわないように、ヤギたちの行進の前に急いで植木を片づける。

電気自動車

ツェルマットの名物の一つは駅前広場に並ぶシンプルなデザインの電気自動車。最初の登場は１９４７年。マッター谷の寒村に過ぎなかった当時は、物や人の移動には馬が一般的だった。60年頃、本格的なガソリン車社会の到来を前に住民たちが話し合い、61年に域内車両禁止とした。「ツェルマットに車は必要ない」と選択をしたわけだ。現在登録されている電気自動車は約５００台。個人所有は認めておらず、ホテルや商店などの業務用に限定。地元の町工場でほぼ手作業で製造、１台完成させるのに約3カ月、約9万スイスフラン（約１１４３万円＊）かかる。

＊１スイスフラン＝１２７円換算（２０１５年１月現在）

右／ツェルマットの町はずれにある電気自動車の工場。手作業で組み立てられてゆく　左／ツェルマット駅前の電気タクシー。客は7人まで乗車可能。荷物は後部と天井に10個ほど積める

マッターホルン・グレイシャ・パラダイスの水事情

クライン・マッターホルンのロープウェイ駅は３８２０メートルと、ヨーロッパアルプスで最も高所に達する。それでもレストランも水洗トイレもある。水は、一つ下の駅トロッケナー・シュテックTrockener Steg（２９３９メートル）近くの池から汲み上げフィルターを通して浄化し、４５００リットルのタンクに入れロープウェイにぶら下げて移送、クライン・マッターホルン駅で2万４０００リットルの貯蔵タンクに入れ、パイプでレストランの地下タンクへ。汚水は、レストランの地下に処理施設があり、浄化された水は再び水洗トイレなどに使用。分離したトイレットペーパーや汚物は乾燥させてコンテナに入れ、ツェルマットの町に運び出される。

右上／マッターホルン・グレイシャ・パラダイスのレストランの地下にある処理施設で分離されたゴミは町に下ろされる　左上／ロープウェイの下に大きな水のタンクが取り付けられ、2939mから3820mまで運び上げられる　右下／トロッケナー・シュテック近くにある氷河が解けた水でできた池から水を採取

マッターホルン登頂のルート

マッターホルン頂への最も一般的なルートはヘルンリHörnli稜のコースだ。まずツェルマット（1620メートル）からロープウェイに乗ってシュヴァルツゼー（2583メートル）まで上がり、ここから歩き始める。3260メートルの地点にある山小屋まではハイキング道で、通常約2時間。山小屋に1泊し、翌朝日の出の1時間ほど前に小屋を出発、ヘッドランプを使用して頂上を目指す。地元の山岳ガイドに同行してもらう場合は、登山者一人につきガイドが一人つく。小屋から山頂までは約4時間、下りも3～4時間必要。マッターホルンはルートを見つけるのが比較的難しく、地元のガイド付きならこの時間で登れるが、ルートを探していると登りに5時間くらいかかることも。夏のシーズンは午後に雷が鳴りやすく、地元ガイドは昼頃には小屋に戻れるように時間を見ている。登るスピードが遅ければ帰りが遅くなり、下山に集中力がなくなって危険度が高まるため、そうした場合は登頂せず下山することもある。

頂上付近にはサンベルナールの銅像があり、そこからもう少し登った地点がスイスの頂上4477・5メートル。ここから少し西に下ったイタリア側の頂上4476・4メートルには十字架が立っている。

上／マッターホルン一般ルート、ヘルンリ稜を見下ろすとこんな感じ。登山中は上を向いていることが多いので、あまり高度を感じないまま下を見ると、さすがに迫力がある　下2点／上の写真右側の稜線がヘルンリ稜。下の写真は無事登頂を終えて

右／ファーマシー・インターナショナルオリジナルのマーモット軟膏（100g）25スイスフラン（2015年1月現在）　左／店の地下にあるマーモット軟膏を調合する機械

おみやげにマーモット軟膏はいかが

マーモットの脂肪は、山岳地方に住む人々の間で古くから治療薬として利用されてきた。炎症を抑える効力があり、すり込むと手足の痛みや筋肉痛、リュウマチ、関節症、筋肉損傷、打撲傷などに効き目があるとか。「オリジナル　ツェルマット　マーモット軟膏」はマーモットの脂肪と近代的な軟膏とを混ぜ合わせたもの。植物油、樟脳を加えることにより、さらに血行を良くする薬効がある。ツェルマットのファーマシー・インターナショナルの地下で調合されている。

PHARMACIE
INTERNATIONALE
ZERMATT AG
Bahnhofstrasse 17
CH-3920 Zermatt
info@pharmazermatt.ch
Tel. +41 (0)27 966 27 27
Fax +41 (0)27 966 27 25

スーパーでいいもの見つけた

殻にカラフルに色付けされたゆで卵。
日本ではお目にかかれない

スーパーマーケットで日本人から「ガスが入っていない水はどれですか」とよく聞かれる。その度に容器を指で押してみせる。ボトルに指が入ってしまうものはガスが入っていない。ガスが容器に充満していたらパンパンでいくら押しても凹まない。

もう一つよく質問されるのが「卵に色がついていますが何ですか」。答えはゆで卵である。

スイスやEU諸国では、狭いケージで鶏を飼育するバタリーケージ方法は動物愛護の観点から禁止されているため、鶏は以下の3種類の方法で飼育される。動き回れる鶏舎での飼育、鶏舎外に一羽につき2・5平米以上の緑地を確保した飼育、そして鶏舎外に出して有機栽培法で作られた飼料を与える飼育。もちろん3番目の飼育法による鶏の生んだ卵が一番高価だ。

ゆで卵には大型の卵が使われ、50グラムと63グラムの2種がある。ゆで卵の色付けは、法律で許可されている食品色素で行われているので安心だ。

このように、ボトルに指が食い込むのはガスの入っていない水。参考までに、ガス入りはmit Kohlensäure (独)、gazéifiée (仏)、gassata (伊)、少量ガス入りはmit wenig Kohlensäure、ガス無しはohne Kohlensäureと書かれている

ユングフラウ鉄道を10倍楽しむポイント教えます

右／花崗岩のユングフラウ（上）と石灰岩のアイガー（下）がメンヒとユングフラウヨッホの辺りで入り混じる様子が、この写真でよくわかる
左／メンヒの左の氷河上に少しだけ頭を覗かせたアイガー山頂(写真内の丸の中)。プラトー展望台の旗の辺りで望める唯一のアイガービューポイントだ

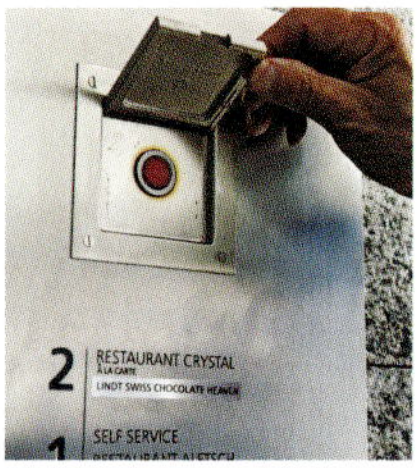

右／上水道のパイプラインが整備される2012年までは、このタンク車が活躍。1万4000リットルの水を載せ、クライネ・シャイデックから途中2カ所の中間駅とヨッホ駅へ水を運び上げていた
中／高所を行き来するユングフラウ鉄道のメンテナンス工場は、標高2320mのアイガーグレッチャーEigergletscher駅にある。ねじ1本から車輪までここで作られ、線路や車両の修理に充てられる
左／高所の観光は高山病が心配だが、あちこちに取り付けられたこのボタンを押すと助けがくる

２０１２年に開通１００周年を迎えたユングフラウヨッホ駅。今なお進化し続けるヨーロッパ最高所の駅には、行く度新たな発見がある。鉄道、山、氷河、天文、気象あらゆる分野で興味深い話ばかりだが、ここでは水に視点を置いてお話ししたい。ユングフラウとメンヒの鞍部にある稜線は、降り落ちる雨粒が北側か南側かで流れ出る海が大きく異なる大分水嶺だ。南に落ちた雨粒はアレッチ氷河、レマン湖、ローヌ川を経て地中海へ。北側はアーレ川、ライン川、オランダで二つに分かれつつ北海に注ぐのだが、アーレ川に辿りつくまでがまたおもしろい。グリンデルワルトには黒リュッチネLütschine川、ラウターブルンネンには白リュッチネ川が流れる。この白黒は山の岩質によるものだ。花崗岩でできたユングフラウを削って流れ出た川は白っぽく、石灰岩の山であるアイガーを削って流れ出た川は黒っぽい。そしてその二つの川が合流する場所が、インターラーケンから来た電車が各谷へ切り離しを行うツヴァイリュッチネ

右／乗客のみならず、従業員も食料も、移動手段はすべて電車
左／ヨッホ駅に向かう真っ暗なトンネル内。運転士の横でないと見られない光景

右／愛嬌ふりまくラッセル車。皆の人気者
中・左／アイスメーアEismeer駅の標識と、トンネル工事の際に出た土砂捨て用に開けられた穴。今は窓ガラスがはめられているが、開業当時はベランダのような感じだった。途中下車の5分間では見ることはできない。アイガーに登るにはアイスメーア駅から出発する

ンZweilütschinen。二つのリュッチネ川が交わる場所なのだ。

さて、長い年月をかけて海へ辿り着いた水は、雨となり再び山に帰って来ることだろう。展望台のレストランやトイレの水はどうしているのか（クライン・マッターホルンについては131頁）。ヨッホ駅の場合は3割が雪解け水、7割はなんとクライネ・シャイデックからパイプで引き上げたものだ。7・1キロメートルのトンネルの中、電車のすぐ横をパイプラインが走り、上へ下へと水を送っている。ヨッホの駅の直下には80万リットル入るタンクがあり、年間83万人の観光客が安心して使える水を供給しているのだ。おかげでトイレに困ることはないし、温かくて美味しい食事もいただける。そして使用後の水はすべてグリンデルワルト隣の集落にある下水処理場へとまたパイプで運ばれる。高所の展望台へで かけたなら、その風景に水の壮大な巡りを加味させると素晴らしい景色がより感動的に映ることだろう。

山に絶対なくてはならぬもの

初めてハイキングをする道で不安なとき、心強い二つの味方が地図と道標だ。はたしてこの道でよいものかと不安になってきたときに、スイスのハイキングコースでおなじみの黄色い道標を見つけるとホッとする。そしてそこには多くの情報が詰まっている。そこの地名、標高、行き先と時間、そのコースのグレードが一目でわかる。

　ロープウェイなどを降りて駅前に出ると、一本の鉄の棒に四方八方案内板が取り付けられているのをよく見る。それだけ歩くコースがたくさんあるということだ。

　スイスの道標はよくできているので、有名山岳リゾートの周りなら、地図を持たず、観光案内所などで無料配布しているパンフレットだけを見て歩くこともできるが、やはり地図はあったほうがよい。スイスの地図は印刷も精密で美しいので、買っておけば旅の思い出にもなる。ハイキングに便利な2万5000分の1の地図は、本屋や地元のキオスクでその地域のものが売られている。

スイス各地を歩いてみると、いろいろな道標に出会う　上／リギ・クルムホテル前にあった看板。おじいさんは右、若者は左と、わかりやすい。どちらもリギ山頂に至るが、日本で言えば女坂、男坂といったところか　中右／ナルシスの花が咲く場所で見かけた手作りの道標　中左／岩場の急なルートは道標が建てられないので、このように岩に直接ペンキで書かれる。色がグレードを表わす。青白は上級コース　下右／スイスとフランスの国境にある標識　下左／州境を示すもので、このマークはヴァリス州のもの

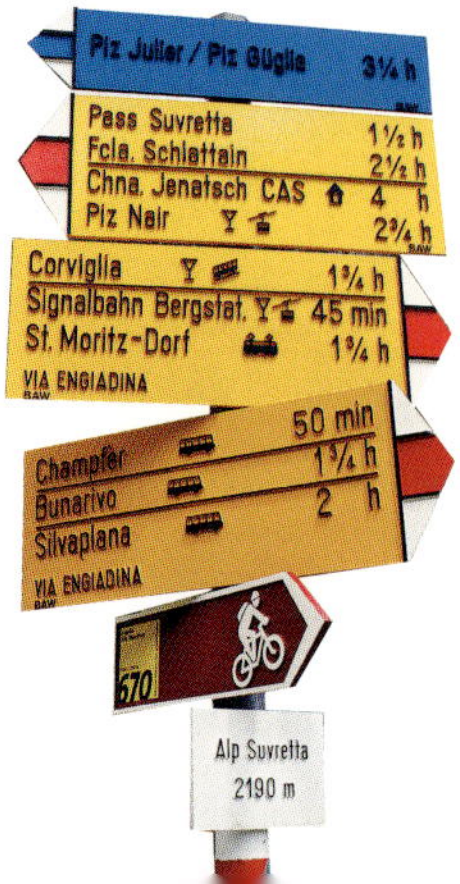

上／岩に直接行先などが書かれたもの。赤白は軽登山靴で歩く中級コースであることを示す

ヨーロッパ一急勾配のケーブルカー

右上／ゲルマーバーンの線路を見下ろす。今にも落ちそうなくらいの急傾斜だ　右下／24人乗りのケーブルカーはいつも満員　下中／山麓のケーブルカー乗り場に向かう吊り橋。乗る前からして結構スリリング　左上／離れたところから見たゲルマーバーン　左中／ゲルマーバーンからグリムゼル峠に向かうハイキングコース。大きな岩が露出している　左下／ケーブルカーで山頂に上がると、目の前にゲルマー湖が広がり、湖畔を一周できる遊歩道がある。天気の良い日は周辺の山がよく見える

マイリンゲンからバスでハスリ谷を遡り、グリムゼル峠Grimselpass方面に向かうと、谷全体が花崗岩質の岩壁に囲まれたような光景になる。岩登りしている人もいる大岩壁の一角に赤くて小さなトロッコみたいなものが見える。ヨーロッパのケーブルカー（鋼索鉄道）としては最も傾斜のきつい場所を登り降りしているゲルマーバーンだ。屋根のない24人乗りで、もともと観光用ではなくダム建設の資材を運ぶために造られた、いたって簡素な乗り物だ。最大斜度は45度以上でジェットコースター顔負けのスリリングな気分を味わえる。後ろ向きに引っ張り上げられる感覚で１８６０メートルの山頂駅に到着したら、山上のゲルマー湖をゆっくり一周するとよい。前もって乗車券を買わないと乗れないほど人気がある。往復切符を買う時に帰りの時間を申告すれば、混雑していても優先的に帰りの便に乗車できる。下山してくる登山者や岩登りの帰りの人たちも加わるので、下りもかなりの混雑となる。

頼りになる避難小屋

フィルストからファウルホルンFaulhornの間には4つの避難小屋がある。目的は雷や嵐から登山者を守るためだ。上の写真はバッハアルプゼー近くにある避難小屋。1870年の地図にあるくらい古いもの。地元では「バッハアルプゼーの石の小屋」と呼んでいる

スイスアルプスと日本の山の一番の違いは、山上に上がる交通手段の数だろう。スイスではロープウェイや登山電車などが発達し、終点には山岳ホテルやレストランがある。そこに泊まれば、年配者や体力のない人でも雄大な自然を十分楽しめる。

山上への交通の充実が登山の安全面をかなりカバーするため、スイスのハイキングコース上で避難小屋（無人の山小屋）を見かけることは少ない。山上のレストランや山岳ホテルがその代わりになっているところもあるからだと思う。グリンデルワルトエリアのフィルストからバッハアルプゼーに至る2時間弱のメジャーなハイキングコース上に二つの避難小屋があるのは、とても珍しい。以前このコース上で雷に遭遇し、小屋に駆け込んで助かった。一つはコース中ほどのグンミ・ヒュッタ（Gummihitta　2273メートル）、もう一つはバッハアルプゼーの湖畔の近くにある。鍵はかかっておらず自由に入れるので、覚えておくと天候の急変などの時に助かる。

スイスの天気ミニ講座

猪熊隆之

〈図1〉

〈図2〉

左端（スイス）と右端（日本）の気温値は、実際の観測値ではなく、あくまで理論上の目安の気温です

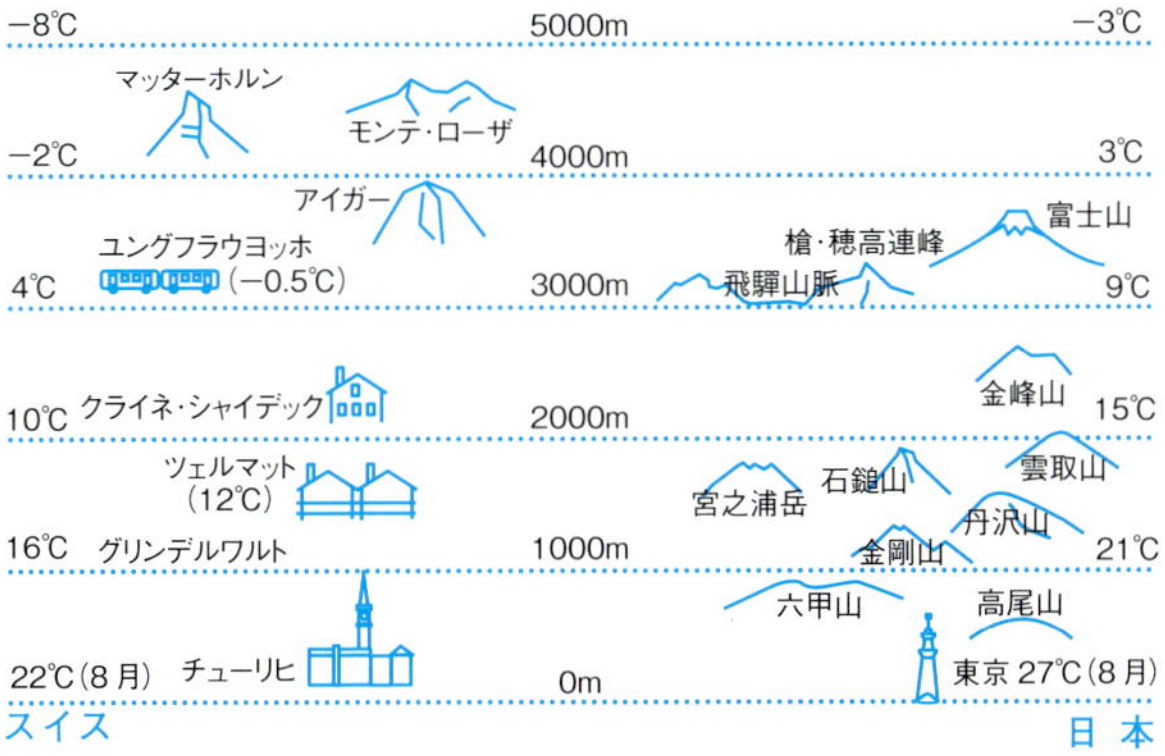

スイスと日本の天気の違いは？

スイスと日本の一番大きな違いの一つは、スイスには真夏に雪の降る場所があることだ。日本では北アルプスや大雪山の稜線などの高山でも真夏に雪が降ることはない。富士山では稀に8月に降雪を見るが、積もるほど降ることはない。

それはなぜか？

一つは、緯度の違いだ。〈図1〉は日本とスイスの緯度を比較したもの。スイスは日本最北端の稚内と同じくらいの緯度にある。冬は、高緯度にもかかわらず、メキシコ湾流という北大西洋を流れる暖流の影響で、北海道よりも大分気温が高いが、夏は札幌などよりも気温は低く、周期的に天気が変化して、寒気が流れ込むときは高所で雪を見ることがある。

もう一つは、高度の違いだ。日本アルプスは3000メートル級の山々が連なるのに対し、スイスアルプスは4000メートル級の山々が連なる。スイス最高峰のモンテ・ローザは4634メートルあり、富士山よりも約900メートルも高い。高度が高いほど気温が下がる。一般的に100メートル上がるごとに約0・6℃ずつ気温は低くなるので、1000メートル違うと約6℃違うわけだ。〈図2〉

したがって、日本のアルプスでは真夏に雪は降らないが、スイスアルプスでは真夏でも雪が降ることがあり、いくつもの大きな氷河を有する。それがスイスアルプスの魅力となっている。ゴルナーグラートやリッフェルベルク、ディアヴォレッツァなど山上のホテルに宿泊する際や展望台を訪れる場合は、しっかりとした防寒着が必要となる。

スイスの中でも天気が違う

同じスイスの中でも天気が違うことがある。全域が悪天となることもあるが、グリンデルワルトでは雨が降っていても、サン・モリッツでは晴れているということもある。スイスは中央部とイタリアとの国境にそれぞれ大きなアルプスが横たわっている。そのため、この山を境にして天気が大きく変わることがある。一般に、低気圧や前線は北から南下してくるので、スイス北西部から天気が崩れ始めることが多く、グラウビュンデンGraubünden州など南東部では天気の崩れが遅くなる。また、北から寒気が入るときは、スイス中央部より北側で天気が不安定になるが、ヴァリス州やグラウビュンデン州など南側の地域では天気が良いことが多くなる。天気が悪いときは、思い切って山を越えてみるのも一つの手だろう。また、スイスの天気予報は比較的正確なので、テレビや新聞を見て、翌日の観光する場所を決めることをおすすめする。〈図3〉

こんな雲がでたら危ない

　空に浮かぶ雲から天気変化の前兆を知ることができる。ここでは、難しいことは抜きにして、風が強まったり、天気が崩れたりするときの前兆となる雲を紹介しよう。

(a)　強風のときに現れる雲

〈写真1〉〈写真2〉のように、凸レンズのような特徴のある雲が現れるときは要注意だ。この雲は「レンズ雲」と呼ばれ、上空で強風が吹いているときに現れる。上空の強風はやがて地上付近にも降りてくるため、山を中心に風が強く吹く恐れがある。

(b)　フェーンのときに現れる雲

〈写真3〉のように、山の南側から濃厚な雲が張り付いているときは、フェーン現象が起こり始めているとき。このようなときは、アルプスの谷沿いに南風が吹き荒れる。また、気温も著しく上がり、山火事が起こりやすくなる。南風がおさまった頃、雨が降り出すことが多く、悪天の前触れにもなる。雨が降った後は気温が急激に下がり、標高の高い場所では雪に変わることもあるので注意が必要だ。

〈図3〉

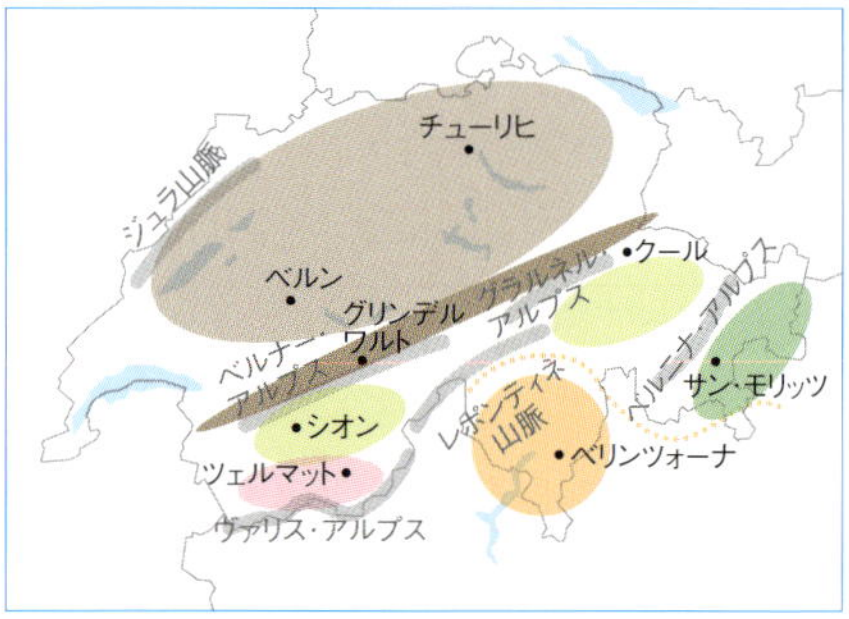

周期的に天気変化。北を通過する低気圧や前線の影響を受けやすい。

天気の変化が激しい。天気の回復が遅れる傾向。

夏は涼しい。天気の崩れが遅く、回復は比較的遅れる。

イタリアの気候。温暖で夏は暑い。日照時間が多い。北が雨でも、晴れていることも！

天気の崩れは早い方だが、回復も早いことが多い。

雨が少なく夏はカラッとした暑さ。天気が崩れにくい。

〈写真1〉

〈写真2〉

〈写真3〉

〈写真4〉

〈写真5〉

〈写真6〉

〈写真7〉

〈写真8〉

〈写真9〉

(c) 悪天の前触れの雲

〈写真4〉のように、山の上、あるいは山頂部分に笠のような雲ができるときも要注意。水蒸気を多く含んだ湿った空気が山にぶつかってできる雲で、悪天の前触れとなることが多いからだ。特に〈写真5〉のように二重の笠雲ができているときは、悪天の確率が高くなる。また、〈写真6〉のように厚みを増した渦状の雲は、山においては暴風雪の前触れで、平地でも激しい気象現象をもたらす恐れがある。

〈写真7〉のように飛行機雲がいつまでも消えないときは、上空に水蒸気が多い証拠。必ずしも天気が悪化しないことも多いが、その後の雲の変化に注意しよう。

〈写真8〉のように同じような雲が列をなして並んでいるときは、上空の風が強い証拠。天気が悪化する場合と、低気圧が通過した直後で良くなる場合とある。好天のときにこのような雲が現れると、天気が悪化することが多く、雨が止んだ後に出るときは、好天になることが多くなる。いずれにしても変わりやすい天気となるため、その後の雲の変化に注意しよう。

(d) 雷の前触れとなる雲

〈写真9〉のように、青空に綿のような雲が現れることがある。この状態より雲が大きくならなければ、天気を崩す雲にはならない。ところが、〈写真10〉のように次第にカリフラワー状に成長すると、雷をもたらす危険な雲に成長する恐れがある。特に、〈写真11〉のように山の斜面に沿ってもくもくと、雲が上方へと発達するときは要注意だ。このような雲が周囲で発達し始めているときは、ロープウェイなどで高所に行くことや、高い場所でのハイキングは危険（落雷によりロープウェイなどが運休になることもある）。

空を観察して、危険な雲の存在を早めに察知し、安全にハイキングを楽しもう。

好天を約束する雲

前節とは逆に、好天が期待できる雲を紹介しよう。雲の形だけでなく、動きやその後の変化にも注意することが大切だ。

〈写真12〉のように青空に刷毛で刷いたような雲が現れることがある。この写真のように、乾いた感じがして、雲が直線状のときは、好天が続くことが多い。

また、雲は上空の偏西風に流されて西から東へ動いていくことが多いのだが、それより北寄りの方角（西北西や北西など）から南側へ流れていくときは、好天が続くことが多い。

一方で、〈写真13〉のように、湿った感じがして、雲が昇り竜のような形をしているときは、天気が崩れる前兆だ。その後、雲が〈写真14〉のようなひつじ雲になったり、空全体を薄雲が覆ったりするときは、天気が悪化する。

雲の動きや変化だけで天気を予想することには限界があるが、天気図や衛星画像を併せて見ていくと、より精度の高い予想ができる。ぜひ、みなさんも雲を見て、天気を想像しながら、スイスを歩いていただきたい。

〈写真10〉

〈写真11〉

〈写真12〉

〈写真13〉

〈写真14〉

*本書は書き下ろしです。

*本書をまとめるにあたり、以下の方々にご協力をいただきました。（五十音順・敬称略）
伊藤昌美
グリンデルワルト日本語観光案内所
スイスインターナショナルエアラインズ
スイス政府観光局
ユングフラウ鉄道
ワルター・フリック Walter Frick

［撮影］

小川清美	以下以外のすべて
清成亜矢子	p41～87の花の解説写真、p88～90
真理Steiger	p112

［執筆］

小川清美	以下以外のすべて
清成亜矢子	p11、p40～90、p134～135
光江Ruegsegger	p30～31
真理Steiger	p98、p103、p112、 P118～121、p123上、p133
杉山明美	p110～111
安東康代	p113、p115、p116上、p117上
田村真司	p129、p130上、p131～132
猪熊隆之	p139～141

［map制作］
尾黒ケンジ

［ブックデザイン］
中村香織

［シンボルマーク］
nakaban

［執筆者紹介］（登場順）

小川清美（おがわ・きよみ）

写真家。1949年東京都生まれ。ガラス工芸会社デザイン室勤務を経て、80年に独立。89年からスイス・アルプスの撮影を始める。著書に『スイス・アルプスを撮る　やさしく学ぶ写真教室』（新潮文庫）、『スイス・アルプスの旅』（新潮社）、『四季を楽しむスイス・アルプスハイキング』『ヨーロッパアルプス・ハイキングガイド』（全3巻）『スイス・アルプスハイキング案内』（山と溪谷社）などがある。

清成亜矢子（きよなり・あやこ）

カメラマン、ガイド。1980年佐賀県生まれ、広島県育ち。旅行会社の添乗員、北海道礼文島で高山植物の解説員を経て、2010年趣味の旅行と写真撮影が高じてカナダで映像カメラマンに転身。出張で訪れたスイス・グリンデルワルトの花のある風景のとりことなり、現在スイスと東京を往復している。

光江Ruegsegger（みつえ・リュグゼガー　旧姓・相河）

1950年北海道芦別生まれ、札幌育ち。75年ウェルナー・リュグゼガーと札幌で出会い結婚、スイス・ソロトゥーン近くの村ミューレドルフに住む。77年義父の店を夫とともに継ぎ、パン店、菓子店、喫茶店を2012年まで営む。以後、フリーランサーとして通訳、翻訳などを務める。

真理Steiger（まり・シュタイガー　旧姓・溝口）

チューリヒ州在住の専門ガイド、ハイキングガイド。東京女子大学在学中に穂高岳山荘で活躍。卒業後、スイスのヌーシャテル大学留学。その後ブルガリアのソフィア大学で10年に渡り奨学生として同時通訳、翻訳にあたる。スイスに戻ってからはチューリヒで30年間、金融業界で働きながら山歩きをする。

杉山明美（すぎやま・あけみ）

杉山商事株式会社取締役。東京都生まれ。育児中に復学、上智大学大学院文学研究科フランス文学専攻博士前期課程修了。息子のスイス留学をきっかけにスイスワインと出会う。1833年以前に創業し、夫が6代目社長を務める会社内の新規事業部門担当としてスイスワインの輸入販売を始める。

安東康代（あんどう・やすよ）

グリンデルワルト在住、現地で旅行会社を経営。1959年大阪府生まれ。1983年、夫（安東一郎）と共にスイス・グリンデルワルトへ移住。グリンデルワルト日本語観光案内所を開業し、スイス国内全域の旅行手配の他、TVなどメディアのコーディネート、情報提供、姉妹都市関係の窓口として、現地観光局と協力活動している。

田村真司（たむら・しんじ）

ツェルマットで旅行会社「Active Mountain」を経営。スキーガイド、山岳ガイド、写真家。1966年大阪府生まれ。大阪写真専門学校（現ビジュアルアーツ専門学校）中退後、アメリカ、カナダ、イギリス等を約2年間放浪。89年ツェルマットでスキーガイドを始め、2002年エベレスト登頂、8000m峰などのガイドにも赴く。

猪熊隆之（いのくま・たかゆき）

山岳気象予報士。1970年新潟県出身。中央大学法学部卒業後、登山専門の旅行会社勤務を経て気象予報士に。2011年、日本初の山岳気象専門会社「ヤマテン」を設立、世界中の山岳気象情報を配信している。著書に『山岳気象大全』（山と溪谷社）、『山岳気象予報士で恩返し』（三五館）などがある。

とんぼの本

スイスアルプス旅《たび》事《じ》典《てん》

発行　2015年3月30日

著者　小《お》川《がわ》清《きよ》美《み》　ほか

発行者　佐藤隆信

発行所　株式会社新潮社

住所　〒162-8711 東京都新宿区矢来町71

電話　編集部 03-3266-5611
　　　読者係 03-3266-5111

ホームページ　http://www.shinchosha.co.jp/tonbo/

印刷所　半七写真印刷工業株式会社

製本所　加藤製本株式会社

カバー印刷所　錦明印刷株式会社

ISBN978-4-10-602257-9 C0326